なぜ、ニューマン家は10年後豊かになったのか？

サラリーマン長者になる資産形成

方波見 寧 Yasushi katabami

SOGO HOREI PUBLISHING CO., LTD

はじめに
ストーリーで分かる幸福な人生をつくる家計管理

アメリカではかつて国民の7割近くからなる豊かな中流社会がありましたが、1970年代から「格差社会」がはじまりました。2000年ごろには、全体の8割が老後の生活に不安を抱えることになり、〝バラ色の老後〟を迎えられたのは、全体の2割に過ぎません。

一方、日本でも1995年に一億総中流社会が崩壊しはじめ、2005年には「格差社会」がはじまり、まるで以前のアメリカと同じ道をたどろうとしているかのような様相です。

当時のアメリカで〝バラ色の老後〟を迎えられた全体の2割の家庭は、それ以外の8割の家庭と何が異なったのか。

その答えは、古き悪しき因習に縛られない、お金の正しい使い方にありました。

本書の正しい「家計管理」と「資産形成」を知れば、10年後、20年後、「格差社

会」による生涯賃金の落ち込みを克服し、悠々自適な将来を迎えることができます。

本書では、**ストーリー形式**で古き悪しき因習を続けるとどういった運命が待ち受けているかを学び、そうならないための「お金の教則本」を展開していきます。

まるで、お習字の時間のように、生徒さんが好き勝手にやっているストーリーに対して、先生が赤ペンを入れるような形で解説と修正をして、最後に、上達方法を示すといったやり方です。

学校では、教養を身につけるだけで、「お金の問題」のような実生活に役立つことはほとんど教えてくれないため、実生活では、お金の知識を欠き、返って教養が邪魔するケースが目立ちます。そこで、本書のような「お金の教則本」が必要になるのです。

ここでお手本となるのは、アメリカの勝ち組になった人たちです。

本書では、全米最大のＦＰ会社、イーデルマン・ファイナンシャル・サービス社の会長であるリック・イーデルマン氏のアドバイスのもと、実際に1万以上の家族を〝バラ色の老後〟へと導いたノウハウを紹介していきます。

登場するストーリーは、アメリカにおける〝実話〟であって、実際に、イーデルマン氏がテレビ・ラジオ番組やコンサルティングで、持ちかけられた相談と提案した解決策を元に、著者が〝日本の事情〟に合わせて紹介しています。

本書の究極的な目的は、あなたが、アメリカの「お手本」を笑いながら身につけて、10年後、20年後、30年後に、この本のカバーに登場するような、悠々自適な生活を送っていらっしゃるという点にあります。

平成22年3月29日

イーデルマンジャパン
方波見寧

なぜ、ニューマン家は10年後豊かになったのか?　●もくじ

chapter2
「子ども」「住宅」「老後」では知ってるつもりは危険

chapter3
「投資の世界」を利用して生涯賃金を補うには知っておくべきことがある

chapter4
「大きな買い物」ではちょっとした油断が命取りになる

chapter5
時代が変われば家族のお金の扱いも変わる

装丁　田中正人（モーニングガーデン）
イラスト　須山奈津希（ぽるか）
組版　横内俊彦
図版　高麗輝章

chapter1

毎日の生活に潜む
「お金の天敵」の正体を突き止める

イントロダクション

なぜ、お金が貯まらないのか？

世の中には、「お金がない」という悩みを抱える人が、非常にたくさんいらっしゃいます。そこで「お金が貯まらない理由は何だと思いますか？」と尋ねると、「大不況がやってきたから」「ボーナスをカットされたから」という具合に、「収入面」を指摘する方が非常に多いものです。

２００９年に話題になった「貧困率」の対象は「月収20万円程度」ということですが、それでも、40年働き続ければ、１億円近くになります。

つまり、誰でもまじめに働けば、１億円くらいは稼げるのです。

それなのに、どうしてお金は貯まらないのでしょうか？

その理由は簡単です。**使っているから**です。

たとえば、サラリーマンであれば、１日１０００円の飲食代を使うなんて当たり前なわけですが、計算してみれば１ヶ月では３万１０００円、１年では36万５０００円、

38年では1387万円にもなるわけです。こうした塊が5、6個あれば、1億円など、跡形もなく消え去ってしまいます。

つまり、**お金が貯まらない理由とは、お金を稼いでいないからではなく、稼いだお金の使い方に問題がある**のです。大不況や会社のせいばかりにしてはいられません。むしろ、はっきり申し上げるなら、その原因は、使い手自身にある可能性が高いのです。

お金の使い方というのは、長い年月をかけて習慣となっているものです。自分では気がつかないうちに、〝お金が貯まらなくて当たり前〟と考えられるようなことをくり返しているということなのです。

そこで、本書のchapter1では、「お金が貯まらない原因」について説明します。

これからご紹介する、ニューマン夫妻、ジョージとモニカ、マイクとサリーのお話を見ていけば、「これじゃ、お金が貯まらないはずだわ！」と、お分かりになるはずです。

story1 〝贅沢していないのにお金が貯まらない〟の原因

世の中には、贅沢なんて何もしていないのに、お金が貯まらないという人が結構いますが、そこには、はっきりとした原因があるものです。

たとえば、ニューマン夫妻というのは、共働きをしていて、年収なら1000万円もありますから、決して年収が少ないというわけではありません。それなのに、いつだって、「私たちには、ちっともお金が貯まらない」と、愚痴を言ってばかりいます。

ニューマン夫妻は、自分たちが浪費家であるなんて、まったく考えたこともありません。というのも、ニューマン夫妻は「我が家では、外車なんて運転していないし、ブランド品なんて手にしたこともありゃしない。子どもにしたって、新発売のナイキのシューズを履かせたことなんて、1度もありゃしない。それなのに、ちっともお金が貯まらない。本当に、不思議よねえ……」と考えているからです。

ニューマン夫妻は、自分たちのお金がどこへ消えてしまったのか、まったく分かっていません。そこで、「支出の追跡」をしてみたら、ニューマン夫妻の1日は、次のような感じだったのです。

ニューマン夫妻は、別々に職場へ通っていますが、毎朝、最寄の駅へ到着すると、2人とも新聞（130円）とペットボトルの水（120円）を買って出社します。

お昼休みになると、ドーナツ（150円）とコーヒー（300円）をランチのお供にしています。

3時の休憩時間には、ペットボトルの紅茶（120円）とヨーグルト（150円）でリラックス。ここまでは2人とも同じようにお金を使います。

帰宅途中には、ご主人は夕刊（130円）を、奥さんは週刊誌（280円）を買って、電車で読みながら家路に着きます。

ニューマン夫妻の1日は、一見したところ、何の変哲もない、普通のビジネスマン・ウーマンの1日のように見えます。しかし、何だかんだで、1日あたり2人併せて2350円の浪費をしているのです。

「だから、どうだって言うの？」とお考えでしょうか？

しかし、ひと月あたり20日間働いている場合には、この2350円というのは、30年間では、何と**1692万円もの浪費をしている計算になる**のです！

500万円の高級車を買ったわけでもない。150万円で海外旅行へ行ったわけでもない。100万円のブランド品のバッグを買ったわけでもない。

ただ、毎日飲みものやドーナツに使っていたら、定年退職までに、1日2350円が1692万円に化けている。

これじゃ、お金が貯まりませんよね！

chapter 1

毎日の生活に潜む「お金の天敵」の正体を突き止める

浪費癖を直すには支出をチェック

ニューマン夫妻のように、飲みものやお菓子に、1日2350円使っているだけで、30年後には、1692万円も使っているなんて驚きですね。

「知らぬが仏」とは、こういうことを言うのです。

それでは、こうした浪費癖を改善するには、どのような方法があるのでしょうか？

実は、**浪費癖を改善する方法はとても簡単で、単に支出をチェックするだけで直ります**。

用意するものは、紙と鉛筆です。やることとは、お金を使ったら、記録するだけです。毎日、記録するのが面倒ならば、レシートをビニール袋に入れておいて、週に1回、または月に1回などの割合で取り出して、まとめて記録します。ポイントとなるのは、大雑把に10個くらいの項目を作ることと、集計するときに〝金額の合計〟だけでなく、〝全体に占める割合〟も書いておくことです。

こうして出来上がったものを「支出表」と呼びます。

支出表の例

なにに／どこで	食費	光熱水道	税金	保険・ローン	教育・娯楽	電話	家具・衣服	その他	合計
スーパー	19,500								19,500
郵便局			25,500	30,000					55,500
コンビニ						13,500			13,500
書店					5,000				5,000
百貨店							4,500		4,500
その他		6,000			25,000			21,000	52,000
合計	19,500 13%	6,000 4%	25,000 17%	30,000 20%	30,000 20%	13,500 9%	4,500 3%	21,000 14%	150,000 100%

ニューマン夫妻だったら、飲み物に1日1080円、20日間では2万1600円使っていたわけですが、30年間では、777万6000円にもなると知ったら、驚いて、飲み物を控えるようになりました。

ショックを受ければ、浪費癖は直るのです。

さて、みなさんの支出表の結果は、いかがでした?

150円のペットボトルを1本飲むなんて、毎日、当たり前のようにやっているはずですが、就職してから定年退職までの38年間で、208万円になります。

これを聞いたら、誰だって、「少しだけ、会社の冷水機で我慢するか!」「家から水筒でも持っていくか」という気になるはずです。

浪費癖というのは、自分では気がつかない間に、習慣に従ってお金を使っているケースがほとんどです。だから、浪費癖を直すには、ただ、支出をチェックすればいいだけなのです。

こんな計算なら、小学生だってできますね。

advance

すべては1円を大切にすることからはじまる

1日150円のペットボトルを買う場合、35歳から45歳までの「お小遣い」とされる4万円から4500円が流出する計算です。つまり、「お小遣い」の11・3％がペットボトルに消えていきます。そして、そもそも4万円の「お小遣い」とは、果てしない旅路の果てに手元にやってくるものです。

ボーナスを月割りすれば、2人以上の勤労世帯の平均収入は53万4235円となりますが、まず、「税金」と「社会保険料」で17・1％を源泉徴収され、次に、銀行振込みされた82・9％から「住宅ローン」「自動車ローン」「保険料」が引き落とされ、電気、ガス、電話、水道などの「公共料金」を支払い、さらに、「食費」「医療費」「交通費」「家賃」「習い事」「洋服代」などを払うと、すでに全体の90％以上がなくなっています。

35歳から45歳までの「お小遣い」とされる4万円は、こうした果てしない道程の果てにやってきて、以下のどこかで利用されることになるわけです。こう考えると、1円というものが非常に愛おしく感じられるでしょうし、1円を大切に利用しようと思うはずです。こうした繊細な神経を持つことが、100円や1000円をも有効利用することにつながるわけです。1円でも大切にして、有効利用するに限りますよね！

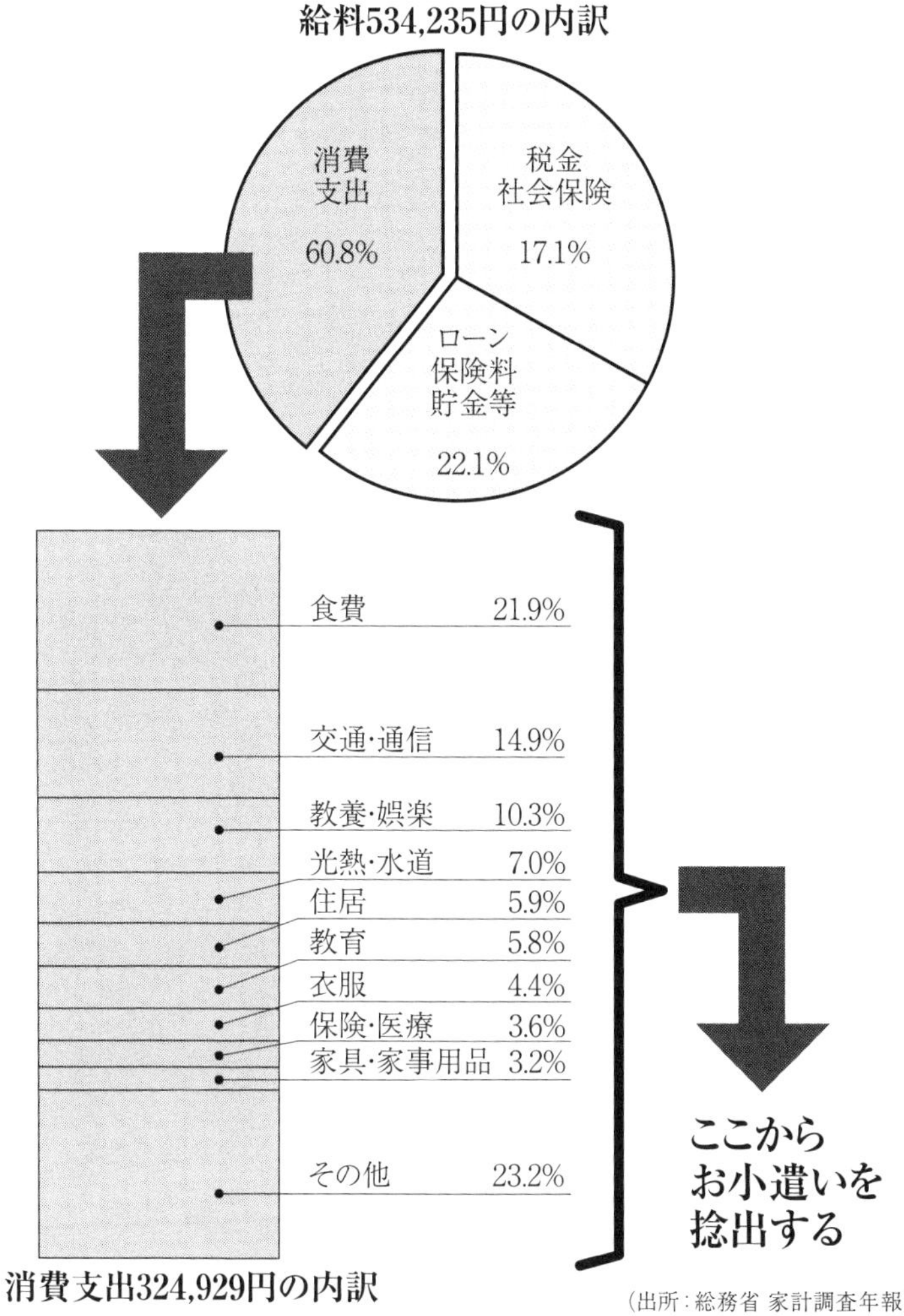
給料534,235円の内訳
消費支出 60.8%
税金 社会保険 17.1%
ローン 保険料 貯金等 22.1%
食費 21.9%
交通･通信 14.9%
教養･娯楽 10.3%
光熱･水道 7.0%
住居 5.9%
教育 5.8%
衣服 4.4%
保険･医療 3.6%
家具･家事用品 3.2%
その他 23.2%
消費支出324,929円の内訳
ここから お小遣いを 捻出する

（出所：総務省 家計調査年報）

story2

〝これがないと生活できない〟と言い張る無駄遣いの常習犯

お金を貯めようとするならば、無駄遣いが天敵になってくるに違いないものです。〝必要なもの〟だけを買って、〝無駄なもの〟には、一切お金を使わなければ、お金は貯まってくるはずです。

ただし、少しだけ厄介なのは、どれが〝必要なもの〟であり、どれが〝無駄なもの〟であるかは、一人ひとりの考え方で違ってくるということです。

共働きで、年収が1000万円以上あるにもかかわらず、ジョージとモニカのご夫妻には200万円ものカードローンがありました。

原因はあまりにも激しい無駄遣いでした。

他人からみれば、どう見ても〝無駄遣い〟としか考えられないのに、彼らは〝必需品〟と言い張って譲ろうとはしないのです。

たとえば、1回1万円の〝芝刈りサービス〟を月に2回も利用しています。普通だったら〝無駄遣い〟と考えるはずですが、ジョージとモニカは違います。「毎月2回の〝芝刈りサービス〟というのは、絶対必要（必需品）に決まっているわ！　だって、キャンセルしたら、お庭が荒れ放題じゃないの！」ということになってしまいます。

また、ケーブルテレビの契約料として、毎月8000円を支払っていました。そこまで無理してケーブルテレビを見なくても、テレビ番組というのはいくらでも見られます。普通だったら〝無駄遣い〟と考えるはずですが、ジョージとモニカに言わせれば、「ケーブルテレビをキャンセルしたら、見たい番組が減っちゃうじゃないか！ケーブルテレビが生活に絶対必要（必需品）なのは間違いがない！」と言い張っているのです。

こうして〝無駄なもの〟まで〝必要なもの〟と勘違いして使っているため、お金が貯まるどころか、借金を抱えてしまっているという状況です。

ジョージとモニカ夫妻は「どうしてお金が貯まらないで、借金が膨らむのかしら?」と嘆いていますが、端から見ていれば、これって当たり前の状況なんですよ。

chapter 1

毎日の生活に潜む「お金の天敵」の正体を突き止める

やりたいことを1つに絞れば、後のすべてが無駄遣いに変わる

　ここでのポイントは、〝必要なもの〟と〝無駄なもの〟とをどこで区切るかということです。それには、〝やりたいこと〟をたった1つに絞ることが有効です。たとえば、〝やりたいこと〟が、年に1回の海外旅行であるならば、「海外旅行」と「芝刈り」を天秤にかけるということです。

「毎月2回の芝刈りサービスを続ければ、年に1回の海外旅行は、あきらめるしかありません」ということになれば、ジョージとモニカ夫妻だって、「それじゃ、仕方がないから、芝刈りサービスはあきらめましょう」、という具合に、渋々と納得するのです。

〝やりたいこと〟をたった1つ選んだことで、他の何かを我慢しなければなりませんが、これによって、**〝必要なもの〟と〝無駄なもの〟との線引きができるようになる**わけです。

　年に1回の海外旅行へ行くために、毎月5万円を確保すれば、海外旅行以外の項目

から5万円だけ節約する必要があります。このプロセスの中で、無駄遣いが省かれていくのです。

たった1つの〝やりたいこと〟を選択して、〝他の何か〟を我慢することで、計画的にお金を使っていく。このような選択・我慢・計画性こそが、家計を引き締めていく方法です。

娯楽と言われるすべてのものも、たった1つの〝やりたいこと〟を除いては、無駄遣いです。

スポーツクラブの会員権は、たった1つの〝やりたいこと〟でなければ、無駄遣いです。携帯電話だって、持たずに済ませることは可能です。洋服だって、数点を除いたら、無駄遣いです。

食費だって、かなりの部分が無駄遣いです。たった1つの〝やりたいこと〟からすれば、残念ながら大好物のチョコレート1つだって無駄遣いなのです。

芝刈りやケーブルテレビが必需品でないのと同じように、〝やりたいこと〟を絞り込んでしまえば、ほとんどの支出は、必需品ではなくなります。

「いま、1番やりたいことは何でしょう?」なんて、子どものころにさんざん尋ねられてきたことですが、無駄遣いをなくすためには、子どものころを振り返りながら、たった1つだけ〝やりたいこと〟を決めてしまえばいいということなのです。

advance
財産を作るための４つのプロセスとは

財産を作るために必要なことは次の4つのプロセスです。

1つ目は、「**一番はじめに自分自身への支払いを済ませる**」というやり方です。53万4235円の「お給料」は、たくさんの請求書を経由して、結局、全部使ってしまったというのが、お金が貯まらない理由です。

それなら、毎月3万円の「請求書」を作って、一番はじめに〝自分自身〟へ支払いを済ませてしまい、〝3万円の調整〟を他の支出で行えば確実にお金が貯まります。

2つ目は、「**小銭は使わないで貯金箱に入れてしまう**」というやり方です。家族で話し合って、〝買い物をする際には、すべてお札で支払い、おつりは貯金箱に入れてしまいましょう〟とすれば、毎月3万円位の小銭が貯まるはずです。

３つ目は、「**正しくクーポン券を利用する**」というやり方です。たとえば、財布に５００円のクーポン券と現金５０００円が入っていたとします。この状況を、財布に５５００円入っていると解釈してはいけません。買い物をするときには、あくまで持ち合わせの現金、この場合では５０００円以下で購入できるものを選びます。その上でクーポンを利用して、最終的に５００円以上が財布に残る仕組みを作りましょう。

４つ目は、「**買い物の性質を変える**」というやり方です。普段の買い物の対象となるのは、使ったら価値がなくなってしまう〝消費財〟ですが、財産を作るためには、価値が上昇する〝資産〟を買うことが重要です。

そこで、Ｓ社のヨーグルトが好きなら、ヨーグルトと一緒にＳ社の株も買う。Ｆ社の冷凍食品が好きなら、エビフライと一緒にＦ社の株も買う。Ｄ社のフリースが好きなら、フリースと一緒にＤ社の株も買う、とすれば、お金を貯めるだけではなく、財産を作ることへとつながります。

story3

“暇になったらはじめよう”という先送りの癖ほど悪いものはない

「お金が貯まらない」という悩みは、貯金をはじめる時期にも、大きく影響されています。

たとえば、ジャックとジルの兄妹の場合、お兄さんのジャックは、大きな怪我のために、大学進学を諦めて19歳から働きはじめました。妹のジルは、兄の怪我がきっかけで医大へ進みました。

ここで、ジャックは19歳で就職すると、年に20万円を積立投資に回して、それから8年間だけ続けた後は、お金を追加せずに、それまでの160万円だけを、投資に置いたままの状態にしておきました。

一方で、ジルは26歳で就職すると、ジャックと同じものへ、年に20万円の積立投資をはじめ、それから40年間続けることにしたのです。ジルの投資金額は800万円になるわけです。

こうして40年間が過ぎ去りました。

いまでは、ジャックは66歳、ジルは65歳になっています。

ジャックもジルも、この40年間、〝投資がいくらになっているのか?〟なんて、まったく考えずに、仕事に打ち込み、人生をエンジョイしてきたのです。

2人がラッキーだったのは、長い目で見れば株式市場が好調であったために、投資したものが年10パーセントの割合で上昇してくれたことです。

そして、ジルが65歳になった年の大晦日に、2人は、すっかり忘れていた投資の口座が、〝いくらになっているのか?〟を確認することにいたしました。

「私は160万円しか投資しなかったが、ジルは800万円も投資したから、きっとジルの口座には、5倍のお金があるんだろう」とジャックが言いながら、2人で一緒に明細書を開いてみると、あら、不思議!

160万円しか投資していない、ジャックの口座は1億350万円ですが、800万円も投資した、ジルの口座は8850万円だったのです!

つまり、ジャックはジルの5分の1のお金しか使っていないのに、1500万円も余分に儲けている計算になります。

ジャックとジルは、まったく同じものへ投資しているので、2人の違いを生み出した唯一の要因は、「ジャックが8年だけ早くはじめた」ということに尽きるのですが、この差額こそが、「先送りの癖」による代償です!

chapter 1

毎日の生活に潜む「お金の天敵」の正体を突き止める

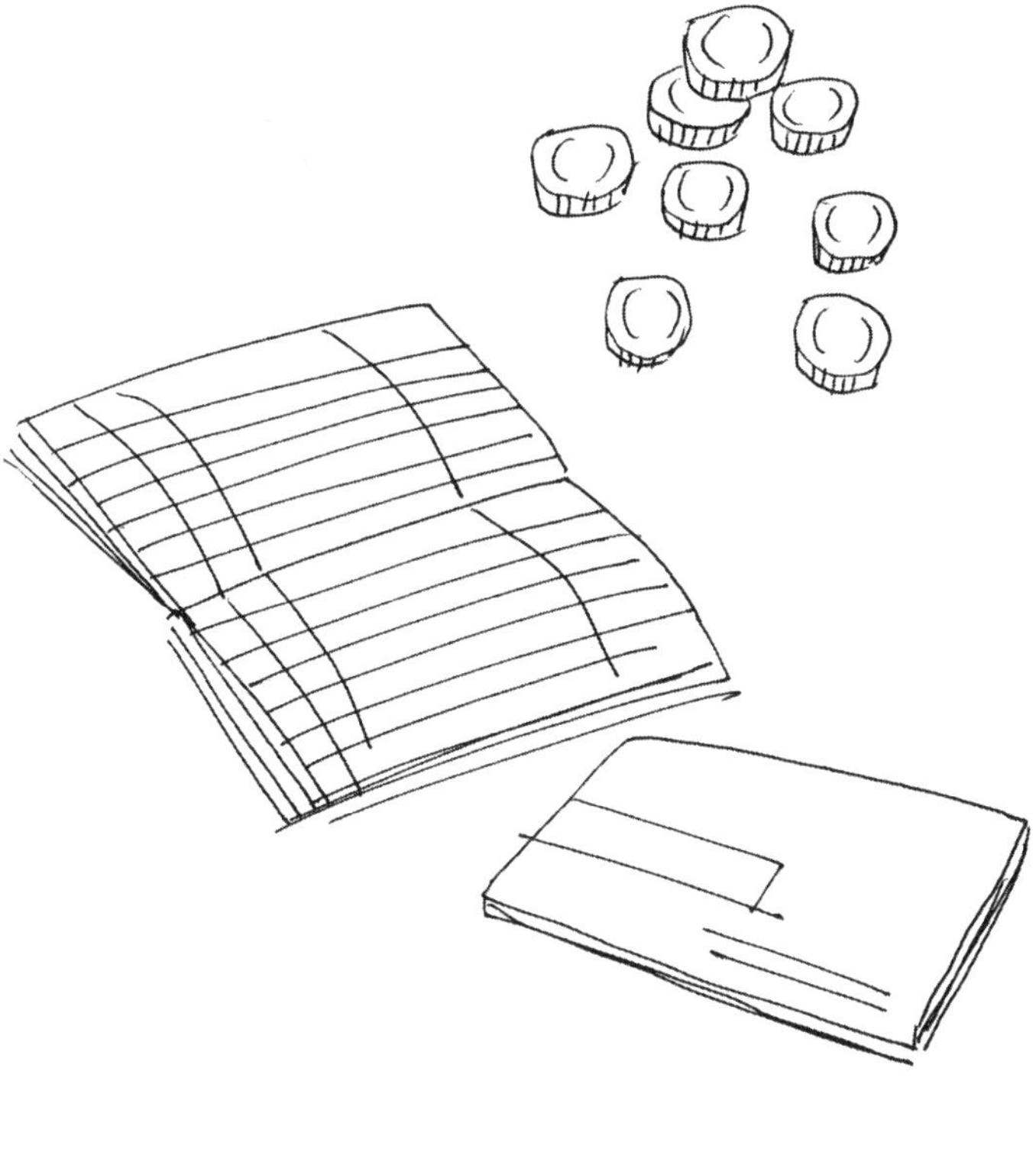

財産形成で重要なのは時間であると覚えておけば役立つ

〝お金が貯まらない〟というのであれば、浪費癖に気をつけて、無駄遣いをなくすことが先決です。たとえば、1日150円のペットボトルを我慢して、毎日150円だけ貯め込んでいくと、45年後には、246万円になります。

これだけでも、大した進歩であるわけですが、ここから、さらに一歩進めて、この1日150円を、積み立ての形で投資に回したといたしましょう。仮に、同じ1日150円を年に12パーセントずつ上昇する投資で回せば、45年後には1日150円が1億円になってきます！

ただし、ジャックとジルのお話では、たった8年の遅れが、1500万円もの差額となって現れたように、投資では「時間」というものが大切になります。

たとえば、1日150円を年に12パーセントずつ上昇する投資で回せば、45年後には1億円になります。しかし、たった1年間スタートを遅らせただけで、44年後には8910万円にしかなりません。1090万円もの差額が生まれてしまうのです。

この点からすれば、〝お金が貯まらないこと〟の原因としては、「先送りの癖」ほど厄介な習慣はないということになりますが、「先送りの癖」というのは、想像以上に抜け出すことが難しい習慣です。

時間がないから、明日にしよう！　なんて、「先送りの癖」を正当化する理由は、いくらでも転がっているものです。大体、時間が余っている人なんていませんから。

平日は6時半に家を出て、帰宅するのは9時。週末には、子どもと野球をするって約束したし、町内会の大掃除も入っている。

この間、〝ゆっくり投資について考えよう〟と思っていたら、虫歯が痛くなって、それどころじゃなくなった。

大体、明日の締め切りがあるっていうのに、45年も先のことを考えられるほど、暇じゃないよ！　という具合です。

こんな感じで、「まだ、若いから、1年くらい遅らせたって、どうってことないや！」と考えがちですが、1090万円はどうってことないでしょうか？

「先送りの癖」にもっともらしい理由をつけることは簡単です。しかし、重要なことは、**今すぐはじめること**なのです。

学校では、宿題を忘れたら、〝明日持っていらっしゃい〟と言われますが、お金の場合には、「時間」が「金額」へ変わってくるため、今日1日の遅れが「大損」につながるものなのです。

advance 20世紀最大の発見　複利効果を知っておこう

天才科学者・アインシュタインが「今世紀最大の発見とは複利効果である」と語ったことがあります。

単利とは、単純な金利のことで、たとえば、金利が年間7・2％であれば、1年後には100万円が107万2000円になります。

複利とは、利息を再投資していく方法です。1年後には107万2000円と単利と変わらなくても、7万2000円が再投資されるので、翌年には114万9184円、翌々年には123万1925円になります。

たとえば、「100万円が10年間に渡って7・2％で上昇する」という場合には、10

年後には１００万円は１０７万２０００円になります。

一方、「１００万円が10年間に渡って毎年７・２％で上昇する」という場合には、10年後には１００万円は２００万円になっています。

前者は「単利」なので、１００万円×１・０７２＝１０７万２０００円と計算されますが、後者は「複利」なので、１００万円×（１・０７２）の10乗＝２００万円と計算されます。

複利効果を計算するには、『72÷利回り＝年数』という有名な「72の法則」があって、お金が2倍になるための「利回り」と「年数」を示します。今の例では、「利回り」が７・２％だったので、「年数」が10年と計算されます。

この「72の法則」を応用すれば、１６２６年にニューヨーク・マンハッタン島を24ドルの品物と交換したネイティブアメリカンが、仮に年利７・２％で運用していた場合、３８３年後の２００９年末には、24ドルは８兆１２７０億９６７９万ドルになったことが分かります。両者の明暗を分けたのは、「たんす預金」か「投資口座」かの違いでしかありませんが、仮に、「投資口座」を利用する場合には、本文のように「時間」が重要になってきます。

なお、投資対象の基本とされる「国内株式」「国内債券」「海外株式」「海外債券」の4資産に関しては、1970年～2009年までの40年間で（「海外債券」は1985年～2009年データ）は、それぞれ7・4％、6・1％、7・2％、5・5％というような年率上昇率となっています（著者の計算による）。仮に、4つを均等に持っていれば、年率6・6％になっていたということになります。この程度までなら、十分に実現可能ということです。

こうした4資産などを使って毎月少しずつ投資をスタートし、じっくりと時間をかけて複利効果を利用することが、アインシュタインを驚かせた「20世紀最大の発見」の成果を実践することにつながります。

chapter 1

毎日の生活に潜む「お金の天敵」の正体を突き止める

story4
〝知ってるつもり〟というのが一番怖いものなのです

浪費癖、無駄遣い、先送りというのは、お金の知識がないために生じる習慣ですが、「お金が貯まらない原因」には、もっと性質《たち》の悪いものがあります。

実際には、よく分かっていないにもかかわらず、自分では、〝知ってるつもり〟になって、お金の問題を扱うというケースです。

マイクとサリーのご夫婦は、〝知ってるつもり〟の典型でした。奥さんのサリーは、家庭の支出をすべて管理して、「カリスマ主婦」を自負するほど、お金の問題を知っていると思い込んでいます。

専業主婦をしているサリーは、マイクの給料振込みがあると、すぐさま2つの銀行口座へ移し変えてしまいます。

片方の銀行口座は、住宅ローンと自動車ローンの引き落とし専用で、片方の銀行口座は、それ以外の引き落とし専用に使います。

余ったお金は、４つ目の銀行口座に入れておいて、他の口座のお金が足りなくなった際の補充用に使っています。

それだけではありません。

〝サリー流管理法〟と称して、
①すべての支払いは、請求書の到着後24時間以内に完了する
②取引の項目ごとに、ノートを１冊ずつ用意する
③ノートへの記帳は、ノートごとにマーカーペンで色分けする
④安全確保のために、請求書は別々のファイルホルダーで保存する
⑤ファイルホルダーには、正確に支出を記録して、請求書の支払日と支払金額を厳密に整理して記載する
⑥最後に、アルファベット順に、机の引き出しにしまっておく
という手の懲りようです。

こうして、１週間のうち10〜15時間を支出管理にあてています。

サリーに言わせれば、「近所の奥さん方のほとんどは、お金の管理が上手ではないが、私だけは違います。家族が何にいくら使ったのか、私は完璧に把握しています」ということです。

しかし、「では、生命保険には、どれくらい加入していますか?」「お子さんの進学費用は、どのように準備していますか?」「住宅ローンの返済は、どうしていますか?」「年金保険料の控除はしていますか?」「定年退職後の生活費は、どのように準備していますか?」と尋ねた際のことですが、サリーの答えは、「そんなこと、どうでもいいでしょう! それより口座管理法を見てくださいな!」という返答だったのです。

要するに、週の10~15時間を「お金の管理」に時間をかけているとはいうものの、「支出管理」だけを延々とやっているわけです。これではまるで、飼っている鶏の数を、毎日、何時間もかけて数えているようなもので、たくさんの卵を手にするためには、時間を使っていませんよねえ。

chapter 1

毎日の生活に潜む「お金の天敵」の正体を突き止める

管理をトータルで考えないとお金は流出する

〝お金が貯まらないのは、「お金の問題」に時間をかけていないからだ〟と考える方が、たくさんいらっしゃいます。

「四六時中、株式市場を眺めていれば、投資で儲けることができるだろうし、マネー雑誌や投資番組を観る時間があれば、お金が儲かるに決まっている。でも、忙しくて、そんな時間は取れないから、仕方がないんだ！」なんて具合でしょう。

しかし、以前アメリカで行われた『5000人のお金持ちに対するアンケート』によれば、「お金の問題」には、月に2〜3時間使っているだけという結果が出ていたそうです。しかも、この「月に2〜3時間」の中には、請求書の支払いや銀行口座の管理も含まれているのです。つまり、**「お金の問題」に時間をかけないほうが、お金は貯まる**ということです！

反対に、〝お金が貯まらない〟というのは、4つも5つも銀行口座やクレジットカードを持っていて、必要もないことに時間を割いているケースなのです。

そして、こうしたケースに限って、肝心な点がすっかり抜け落ちてしまっています。たとえば、マイクとサリーの場合には、支出管理に関してだけは、パートタイムで働けるほどの時間を割いておきながら、生命保険、進学費用、住宅ローン、年金、定年退職後のことなんて、まったくお構いなしでした。年末調整の控除なんて、しょっちゅう忘れているのです。

どうでもよい記帳に数時間をかけているのは、単なる趣味にすぎません。そんなことよりも、生命保険で10万円、住宅ローンで100万円の税金控除を受けたほうが、お金ははるかに貯まります。

お金の管理はトータルで考えないと、開いた穴から流失してしまいます

〝お金が貯まらない〟というのであれば、お金の管理は、いろいろな面から考えましょう。どこかだけを取り出して、偏ったやり方をしていてはうまくいきません。

学校で教わる勉強は、時間をかけるほど成績は上がってくるものですし、数学だけや英語だけという形で1教科だけが得意でも、良い大学へ進学することは、十分に可能です。

しかし、お金の管理の場合には、月に2～3時間を目安にして、できるだけ時間をかけない工夫をすることが大切ですし、どこかに手抜きの箇所が残っていれば、そこから、すべてが流失してしまう恐れがあるということなのです。

advance
家計管理は、全体を見渡す必要があります

「木を見て森を見ず」というのは、全体を見ずに一部だけを見て道に迷ってしまうということですが、家計管理で相談する専門家は、総合的にアドバイスできる人を選ぶべきなのです。

お金の問題は、投資、保険、住宅、税務、法律、相続などに枝分かれしていますが、すべてを把握方はほとんどいらっしゃいませんから、専門家の力を借りる必要があります。ところが、**金融の専門家というのもすべてを知っているとは限らない**のです。

たとえば、保険の営業パーソンは、生命保険の種類を知っているでしょうが、保険に関する税金や相続問題に関しては十分に分かっていないかもしれません。

証券マンは、自分の勧めた金融商品のことは知っているでしょうが、それを老後の

生活費にどうやって活用すべきかはアドバイスしてくれません。

税理士は、確定申告や年末調整の仕方をアドバイスしてくれますが、浮いたお金の運用の仕方までは教えてくれません。

銀行は、住宅ローンを提供してくれますが、所得税の控除手続きや将来の修繕費については教えてくれないのです。

お金の問題に関して部分的に見てばかりいると、一つひとつは正しいように見えてきます。ところが、総合的に見れば失敗しているケースも多々見られるのです。

個々のジャンルの専門家の意見を鵜呑みせずに、自分で総合的に判断するか、あるいは、総合的にアドバイスできる専門家に依頼することが重要です。

chapter2

「子ども」「住宅」「老後」では
知ってるつもりは危険

イントロダクション

「子ども」「住宅」「老後」の費用はご存知？

「お金の問題」の中でも、特にお金が掛かるのは、「子ども」「住宅」「老後」であり、これらは〝人生の３大支出〟と呼ばれています。

大学を卒業した男性の場合、23歳から60歳までの38年間の「生涯賃金」は、２億７０００万円となっています。

それでは、「子ども」「住宅」「老後」には、いくらかかるのでしょうか？

「子ども」を大学まで進学させると、〝学費〟と〝養育費〟を合計すれば、１人あたり４０００万円かかる可能性があるため、２人いれば８０００万円近くかかると覚悟しておいたほうが良さそうです。

「住宅」は、たとえば８００万円の頭金と、３０００万円の住宅ローンで、平均価格とされる３８００万円のマンションを購入したとすると、費用の合計は６０００万円近くに上ります。

「老後」にゆとりある生活を送るためには、毎月38万３０００円必要とされ、仮に90歳まで生きられるとすれば、費用の合計は1億４０００万円近くにもなるのです。

つまり、「生涯賃金」は2億７０００万円なのに、「子ども」「住宅」「老後」だけで、2億８０００万円もかかる計算になってきます。もちろん、60歳で定年退職すると、平均的には１５７４万円の「退職金」と月々23万３０００円の「年金」はついてくるとはいうものの、「子ども」「住宅」「老後」で下手を打つとお金の面では、致命傷になりかねません！

そこで、chapter2では、〝人生の３大支出〟についてご説明します。

ご紹介するストーリーに出てくる、ブラウン家のように「子ども」で失敗したり、エドのように「住宅」で失敗してしまうと、定年退職を迎えた時点で、「老後」のお金がなくなってしまう人生の危機が待ち受けます。

story5

学資保険だけで準備をすると、子どもが大学へ行けなくなるかも

最近では、高校進学率が95パーセントを超えただけでなく、大学進学率が50パーセントを超えています。つまり、半分以上の子どもが大学へ進学する時代となりました。大学の学費というのは、「国立大学」では500万円かかり、「私立大学」では600〜700万円くらいかかるそうです。

この金額は「学費」に限った話で、実際には、生活費がプラスされるわけですが、指し当たっては、「受験から入学手続きまでに必要な金額を確保しよう」と考えて、たくさんの親御さんが郵便局へ相談を持ちかけます。そして、「子どもの学費を準備するなら、郵便局の『学資保険』がおすすめです」と言われ、それを実践している人も多いのではないでしょうか?

「学資保険」の仕組みは、①毎月の保険料を積み立てていくと、子どもの学費が必要な年齢（15歳、18歳など）になったら満期金を受け取れる、②契約期間中に両親が亡

くなった場合には、そこからの保険料は免除され、満期金と同額の死亡保険金を受け取れる、といったものです。

ブラウンさんのお宅の長男は幼稚園に入学したばかりです。

あるときブラウンさんがたまたま郵便局へ立ち寄った際に「学資保険」のパンフレットを眺める機会がありました。すると、そこには大学や専門学校の受験料から入学までの費用は、２３４万円かかると書かれているのです。

また、半数の親は子どもの誕生時から、この２３４万円の準備をはじめている、とも書いてありました。

これを見たブラウンさんは血の気が引いてしまいました。「えっ、ウチの子どもは、もう幼稚園に通っているわ。今すぐ学資保険をはじめないと、間に合わないじゃないの！」と、慌てて契約をしてしまったのです。

しかし、ブラウンさんは、よく内容を確認しておくべきでした。

というのも、子どもが3歳のときから18歳になるまで、毎月1万６８３０円の保険料を払い続ければ、15年分では保険料は３０２万９４００円も支払うことになるものの、大学入学時に確実に受け取れるのは３００万円の満期金でしかないからです。
もちろん、３００万円の死亡保険金が〝おまけ〟についていたり、多少の運用益がついてくる可能性もありますが、基本的には、大学費用を準備するという目的からすれば、15年間もせっせと積み立ててきた挙句、15年分の利子がもらえるどころか、３万円近くも損をする計算になるわけです。

ブラウンさんの間違いはこれだけはありません！

「大学」の費用というのは、「学費」だけでも５００万円以上かかりますから、３００万円だけでは全然足りません。そこでブラウンさんは、３００万円までの「国の教育ローン」を今の利率でいえば年利2・65パーセントで借りることになるはずです。そして、15年払いで返済すれば、返済総額は３６３万８９００円になってしまいます。

つまり、子どもが大学を卒業してからも10年以上に渡って、毎月2万円を延々と返済し続ける事態が待ち受けるのです。そんなことも気づかずに、〝学資保険を申し込んだから、子どもが進学しても安心だ〟なんてブラウンさんは言っているわけですから、「知らぬが仏」とはこのことですね。

chapter 2

「子ども」「住宅」「老後」では知ってるつもりは危険

大学費用の準備には投資の力を利用する

ＡＩＵ保険の調査によると、「子ども」の費用というのは、幼稚園から大学までを公立校で通しても３０００万円程度かかりますし、私立校で通すと４０００万円近くかかります。つまり、子ども2人を大学まで進学させると、２人で８０００万円程度を覚悟する必要があるわけです。

この中でも、「大学」の費用というのは、１番安い国立大学の学費だけでも５００万円程度になり、私立の理科系では７００万円を超えてきます。ここに生活費がプラスされるのですから、「大学」の費用は、最低限１０００万円はかかるとみたほうが無難です。最低限１０００万円とは、かなり大きな支出ですが、そもそも「大学」の費用というのは、超高級品なのです。

１９７５年から２００５年までに、モノの値段は1・8倍しか上がっていないのに、国立大学の授業料は14・9倍にも値上がりしている有様です。これだけの超高級品を半数の子どもに与える時代がやってきた、と言っていいでしょう。

たしかに、大卒の男性の生涯賃金は2億7100万円なのに、高卒の男性では2億6000万円なので、大学の学位にはそれなりの金銭的価値があるわけです。半数の子どもを進学させるのもうなずけます。

ただし、ブラウンさんのように、昔ながらのやり方で「学資保険」を使い、大学の費用を準備していけば、積み立ててきた保険料は利子もついていない状態であり、満期金を手にした時点では大学の費用が全然足りなくなる可能性が高いわけです。

そのため、仕方なく「教育ローン」を借りる人がいますが、15年払いにしても「学資保険」の15年間と通算して、結局、30年間、毎月2万円近くを支払い続ける計算です。

ブラウンさんの陥った落とし穴とは、こんな流れに乗ってしまった点にあるわけですが、**大学の授業料というものが、「物価上昇率」を遥かに上回るペースで上昇する可能性がある以上、これからの時代には、大学の学費は投資で準備するべき**です。

仮に、毎月2万円を投資に回すとすれば、15年間では、投資金額は360万円ですが、年率3パーセントの投資では453万6000円になり、年率5パーセントの投資では、531万8000円になり、年率7パーセントの投資では625万7000

円になります。そして、42ページでご説明したように、過去40年間の主要4資産の年平均上昇率からすれば、年率3～7パーセント程度なら、十分に実現することは可能です。

一生懸命に受験科目を勉強して大学へ入学した挙句、そこから15年間も子どもが借金漬けになるよりも、ほんの少しだけ〝お金の問題〟を勉強して、親が大学準備をしたほうが、〝教育効果〟だって大きいのではないでしょうか？

advance
大学に関しては投資効率を考える

左記のデータから、大卒者と高卒者との間には、月収では、男性10万2600円、女性7万2900円の格差があり、生涯賃金では、男性6500万円、女性8200万円の格差があることが分かります。大学の学位は、収入に結びつくことは確かです。

ただし、上の国立大学授業料の伸びのデータを見れば分かるように、1975～2005年で比べれば、消費者物価の1・8倍に対して、大学費用は14・9倍に跳ね上がっています。「大学」や「学部」を選ぶ際には、コストに見合うだけの収入が得られ

学歴別平均賃金 （単位千円）

	男性	女性
中卒以下	273.9	171.9
高卒	297.0	200.6
高専、短大	306.5	243.6
大卒以上	399.6	273.5

（出所：厚生労働省）

学歴別平均生涯賃金 （単位万円）

	男性	女性
中卒	18300	10900
高卒	20600	12700
高専、短大	22100	16400
大卒以上	27100	20900

（出所：労働政策研究・研修機構）

	1975年	1980年	1985年	1990年	1995年	2000年	2005年
国立大学授業料	3.6	18	25.2	34.0	44.8	47.9	53.6
消費者物価指数	55.7	76.9	88.1	94.1	100.7	102.2	100

（出所：文部科学省と総務省のデータより作成）

るか「投資効率」を考える時代です。

story6

住宅ローンを恐れると、家を失う可能性あり

家やマンションは、何千万円もしますから、「はい、これ代金ね！」といった具合に現金一括払いで買う人は珍しく、頭金だけ支払って、残りは住宅ローンを利用することが普通です。

ただし、住宅ローンを使うと当然金利を支払うことになります。

たとえば、８００万円の頭金と３０００万円の住宅ローンを使い、平均的な３８０0万円のマンションを買うとします。「金利３％、毎月11万５０００円を返済し、35年間で完済する」という条件では、35年間で総額１８４９万円もの金利を支払うことになるのです！

36歳のエドの場合には、「金利として支払う額を少しでも減らしてやろう」と、頭金と月額返済額を増やす計画を立てました。その計画とは、①「頭金」を大きくすれ

ば、住宅ローンが減る、②月額返済額を大きくすれば、住宅ローンを早く完済できる、というものです。

そこで、１０５０万円の「頭金」を積んで、住宅ローンを２７５０万円としました。さらに月額返済額を15万３０００円、20年間で完済する設定とし、全部で９１０万円の金利で済ませることになったのです！

こうして、エドは金利を抑えることに成功しましたが、２５０万円も余分に頭金を積んだので、「貯金」は一切ありません。また、毎月４万円近くも余分に月額返済に回したので、新たに貯金をすることもできませんでした。

このような状況が１年続いた後、なんとエドは失業することになってしまいました。

失業保険は、給料の50～80％しかもらえないので、15万３０００円の月額返済が払えなくなりました。貯金があれば何とかなるはずですが、頭金を大きく積んだので、蓄えはまったくありません。そのために、エドは、マンションを失うことになりました。

仮に、頭金に250万円を追加せずに、月額返済を11万5000円に抑えておけば、エドには300万円近い貯金があったはずです。1年間の失業ならば、十分に乗り切れたはずだったのですが、金利を節約しようとした結果、マンションを失ってしまったのです。

誰だって、借金なんて大嫌いですし、金利なんて払いたくありません。でも、住宅ローンを嫌って、多額の頭金や追加の月額返済をしてしまうと、不慮の事態に備えた貯金がなくなってしまいます。

金利を節約しても、生活費がなければ生きていけないですからねえ。

chapter 2

「子ども」「住宅」「老後」では知ってるつもりは危険

豊かな将来の秘訣は住宅ローンの扱い方にある

住宅ローンが嫌だからと言って、エドのように頭金を大きくとって、くり上げ返済をする人がいますが、貯金が空になってしまうため、失業や病気といった不慮の事態になると家を失うことが多いものなのです。

住宅ローンを嫌ったために住宅を失うとは、皮肉なことですよね。

このために、住宅の基本戦略というのは、〝**小さな頭金**〟＋〝**大きなローン**〟ということになります。

もっとも、これには前提条件があります。

それは、年収に対するローン支払額を15～20％までに自制して、〝購入価格を年収の5倍以下にする〟というものです。

以前は、住宅金融公庫を利用すると〝20％の頭金と80％の住宅ローンで、年収の5倍の住宅を買う〟というのがお決まりでした。しかし、最近の住宅金融支援機構では、〝10％の頭金と90％の住宅ローンで、年収の6倍以上の住宅を買う〟ということができるようになりました。そこで、購入価格を自制する必要があるのです。

また、失業や病気といった不慮の事態への備えとは別に、住宅の基本戦略が〝小さな頭金〟＋〝大きなローン〟となる理由は、大学費用や老後費用を用意するためでもあるのです。

大学費用は物価以上に上昇する可能性がありますし、老後費用は寿命の延びや生活費の上昇によって加算される可能性があるため、これからの時代には大学と老後の準備には〝投資〟が必要になります。

story3で説明したように投資で成功するためには、投資期間を長く取ることが必要です。「大学」の準備には、子どもが生まれてから、最長で18年間の投資期間を利用できますし、「老後」の準備には、30歳ではじめれば30年間、定年後も続ければさらに20年間の投資期間を利用できます。

でも、エドのように、「住宅ローン」の返済ばかりに集中してしまうと、住宅ローンを完済した時点では、「大学」の投資準備ができなくなるばかりか、「老後」の投資準備は、大幅に投資期間を削られてしまいます。

結局、不慮の事態に備えながら、「住宅」を手に入れて、しかも、「大学」と「老後」の準備を行うためには、「住宅」の基本戦略は、〝小さな頭金〟＋〝大きなローン〟になるということなのです。

理科の時間に、「昆虫の目は、複眼になっている」って習いますが、「住宅」「大学」「老後」について、〝複眼で見ましょう〟なんてことまでは、教えてくれなかったかもしれませんね！

advance

大学・住宅・老後は、三位一体で考える

住宅ローンの金利支払い総額を減らすためには、①大きな「頭金」を積む、②追加の「月額返済」を行う方法が考えられます。仮に3％の固定金利の住宅ローンを利用して、３８００万円のマンションを買う場合、「頭金」を８００万円、「月額返済額」を11万５０００円、「返済期間」を35年間とすれば、金利支払い総額は１８４９万円ですが、「頭金」を１０５０万円、「月額返済額」を15万３０００円、「返済期間」を

単眼的家計管理	複眼的家計管理
・**大きな**頭金＋**追加月額返済**をとれば、金利支払い**総額が減らせる**ため、住宅戦略はうまくいく	・**小さな**頭金＋**大きな**ローンをとれば、金利支払い**総額は増える**
・ただし、**不慮の事態に弱い**ため、住宅を失う可能性が高まり、大学と老後の投資準備に支障あり	・ただし、**不慮の事態に強い**ため全体は安定すると同時に、大学と老後の準備も可能となる

20年間とすれば、金利支払い総額は９１０万円となります。

しかし、金利支払い総額を減らすために、たとえば10年間で７０６万円を銀行へ追加返済してしまえば、失業時には手元資金が枯渇して生活費がなくなり、住宅ローンが支払えなくなります。また、住宅ローンを完済してからでは、「大学」への投資期間は失われ、「老後」への投資は退職金を貰ってからということになります。

したがって、「住宅」の戦略は、適正な購入価格を査定したら、小さな「頭金」＋大きな「住宅ローン」が基本となりますし、「住宅」の戦略のありようが、すべての家計管理に影響を与えるのです。

story7

安全だからと銀行にお金を預けると、老後の生活費がなくなるかも

60歳で定年退職を迎えれば、そこからは老後の生活がはじまります。

この時点では、2億7000万円の生涯賃金は、借金を差し引くと実質的には1150万円に枯れ果てています。これに1574万円の退職金を足した約2700万円と、毎月23万3000円の年金を頼りに暮らしていくのが典型的な「老後」の姿でしょう。

そんな老後を過ごしている方に、「ちなみに、貯金の2700万円は、どこに保管してありますか?」と尋ねると、ほとんどの方々が「1番安全だから、銀行の預金口座にしまってあります!」と答えます。

60歳になったディーパックも、「現役時代をもう1回やり直すなんてできないから、このお金だけは安全な保管場所にしまっておこう」とすべてを銀行口座におきました。

たしかに、銀行に預けておけば、泥棒に盗まれる可能性も低くなるでしょう。しかし、貨幣価値という面で見ていくと、本当に安全なのかどうかが分かります。

過去45年間のデータを見ると、普通貯金の、平均では年に2・1％ずつの金利がついていましたが、インフレ率は、年3・2％で上昇していました。しかも、預金の金利には、20％の税金がかかっていたことが分かります。つまり、過去45年間のデータを見る限りでは、普通預金にお金を預けていると、財産は毎年1・5％ずつも目減りしていたことが分かります！

〝毎年1・5％ずつ目減りする〟とは、2700万円が、1年後には実質的に2660万円になるということです。

最初のうちは、全然実感がないでしょう。でも、時間を早送りしてみると、10年後には2327万円に、20年後には2005万円に、30年後には1727万円へと、実質的に目減りしてしまうということなのです。

こうして、定年退職を迎えてから、〝バラ色の老後〟を送るために、毎月23万30

00円の年金に15万円を加えて買い揃えていたものが、10年くらいすると生活費が上がったことで、買い揃えられないという事態が生まれます。

ディーパックにしても、最初の頃は悠々自適の生活を楽しんでいたものの、5年後には生活が苦しくなったため趣味のゴルフを続けられなくなり、10年後には生活費が足りなくなってしまいました。

ディーパックは「政府の年金政策が悪い」「医療費が跳ね上がったせいだ」と、悪者を政府ということにして自分を慰めていますが、実際には、生活費が跳ね上がったのに預金が伸びていない、というのが原因です。

皮肉なことに、1番安全なはずの「銀行預金」で、確実に損をしていたということなんですね。

chapter 2

「子ども」「住宅」「老後」では知ってるつもりは危険

「老後」の準備を何もしないと、お金は75歳で底をつく

「老後」については、ゆとりある生活には、毎月38万3０００円がかかり、ギリギリの生活には、毎月23万２０００円かかるという調査があります（生命保険文化センター）。

日本人の平均寿命は、現在、男性が79歳、女性が86歳で、まだまだ伸びる可能性があります。つまり、仮に、90歳まで生きるとすれば、ゆとりある生活には1億３７８８万円かかるという計算になるのです。

もし、ゆとりある生活を、２７００万円の貯金と23万３０００円の年金だけで続けていくと、75歳で貯金を使い果たしてしまいます。実際には、60歳から年金を満額もらえないので、時期はもっと早くなります。

しかも、ディーパックが経験したように、年率3・2％のインフレに襲われれば、さらに、貯金を使い果たす時期は早まります！

では、どうすればゆとりある生活を手に入れることができるのでしょうか？

そのために、1つには定年退職以前から、毎月3万円とか5万円という積み立て形式で、「投資」を行う必要があります。

過去40年間で言えば、日本の株式市場は年率7・4％で上昇してきましたから、年率3～7％なら十分に投資目標となりえます。

仮に、毎月3万円の積立投資をおこなった場合、30歳から60歳までの30年間では、年率3％では1740万円、年率5％では2456万円、年率7％では3528万円になります。

また、もう1つには、定年退職後に起こるインフレに勝つためにも、2700万円を「投資」に入れておく必要があります。

41ページのように過去40年間で言えば、日本の株式と債券は年率7・4％と6・1％で、世界の株式と債券は年率7・2％と5・5％で上昇しましたから、4つに均等投資するだけで年率6・6％の上昇率となっています。そのため、年率3～7％なら、十分に投資目標となりえます。

仮に、２７００万円を20年間に渡って、投資に回した場合、年率３％では４８７７万円、年率５％では７１６４万円、年率７％では１億４４８万円になります。もちろん、こちらの場合には、生活費としての引き出しがあるため、実際にはここまでは増えないまでも、インフレと戦うことは十分に可能です。

これらを組み合わせて、お金を増やしていけば、税金とインフレに打ち勝ちながら、ゆとりある老後を送ることは十分にできるはずなのです。

算数のテストでいくら計算ができたって、お金を稼ぐことはできませんが、お金の応用問題に利用すれば、ディーパックのように政府に文句をいう必要はなくなりますからね！

advance
「老後」や「大学」に必要なのはリスクの数値化です

アメリカでは１９７０年代以降に格差社会に突入後、生涯賃金の落ち込みを補い、「大学」と「老後」の投資準備の必要から、「投資革命」と称される投資戦略が開発され、今日では普通のサラリーマンが利用しています。

「大学」や「老後」の投資準備では、〝損をしたため、子どもが進学できない、老後資金がなくなった〟という不安がないよう、儲けることだけでなく、損失の可能性について検討する必要があります。

投資革命では、過去の上昇率の平均値を「投資リターン」、平均値からのブレを「投資リスク」と考えて、〝何%まで値下がりする可能性があるか〟を数字で表す方法をとりました。

投資信託の検索サイト・モーニングスターでは、投資信託に関して、過去5年分の「トータルリターン」と「σ：シグマ（標準偏差）」という数字を無料で提供していますが、「トータルリターン」とは、過去5年間に何%上昇してきたかを示し、「σ：シグマ」とは、過去5年間に「トータルリターン」からどれだけブレたかを示します。

たとえば、「トータルリターン」が7%ならば、大きく値上がりしたり、大きく値下がりした年もあるかもしれないが、平均では年率で7%上昇し続けたということになります。

一方で、「トータルリターン」と「σ：シグマ」には、統計学上の関係があって、「トータルリターン」±「σ：シグマ」の範囲に68%の値動きが含まれ、「トータルリターン」±２「σ：シグマ」の範囲に95％の値動きが含まれるとされます。

たとえば、「トータルリターン」が７％、「σ：シグマ」が10％ならば、７％±10％（＝-3％～17％）の範囲に値動きの68％が含まれ、７％±２×10％（＝-13％～27％）の範囲に値動きの95％が含まれると考えられます。

つまり、この投資では、毎年７％の利益が上がるものの、悪い年には13％も損をする可能性があるということです。そこで、「大学」や「老後」の投資準備をする場合、〝もう少し損をしたくない〟というのならば、「トータルリターン」と「σ：シグマ」が小さなものを選べばよいでしょうし、〝リスクを取ってももう少し儲けたい〟というのならば、「トータルリターン」と「σ：シグマ」が大きなものを選べばよいのです。

もちろん、過去の値動きが将来も続く保証はどこにもありませんが、投資の性質を〝数値化〟して知ることではじめて、ある程度は損の可能性を知った上で投資をスタートできるようになり、「大学」や「老後」への投資準備につながったということなのです。

パフォーマンス情報

	3ヶ月	6ヶ月	1年	3年	5年
トータルリターン	21.4%	19.0%	47.0%	-2.0%	17.2%
パーセンタイルランク	–	–	35%	7%	3%
順位	–	–	137位	27位	5位
σ:シグマ	–	–	41.31	47.23	48.23
シャープレシオ	–	–	1.14	-0.05	0.35
決定係数	–	–	0.74	23.67	29.55
β:ベータ	–	–	0.13	0.90	1.02

（モーニングスターのホームページより）

chapter3

「投資の世界」を利用して生涯賃金を補うには知っておくべきことがある

イントロダクション

「投資の世界」の罠にはまると、ボッタくられる運命にある

生涯賃金は2億7000万円しかないのに、「子ども」「住宅」「老後」に限っただけでも2億8000万円かかる可能性がある、というお話をしてきました。

そのため、これからの時代には「投資」も利用して「大学」や「老後」に備える必要があるわけですが、そこで「よし、毎月3万円ずつ、投資でもはじめるか！」と決意しても、どう行動していけばいいのかと不安になりますね。

おそらく、1番最初に思いつくことは、①マネー本やマネー雑誌を買い込んで、投資について調べてみる、②マネー番組を見ながら、専門家の意見を聞いてみる、そして、③銀行や証券会社へ出かけて、専門家のアドバイスに従う、というプロセスでしょう。

しかし、このプロセスに乗っかった先には、まるでギャンブルのような世界が待ち受けています！

マネー本やマネー雑誌には、「この銘柄がおすすめです！」「この投資信託が狙い目です」と載っていますし、マネー番組では、専門家と称する人たちが「半年後の株価はいくらになる」と予想しています。そして、金融機関のアドバイザーは「このファンドは昨年1番上がったんですよ」と勧めてきます。

こうした「予想」に乗っかった時点で、「投資の罠」に捕まります！

マネー本、マネー雑誌、マネー番組、金融機関というのは、一致団結して、「投資の世界」を「競馬」のようなスリル満点の賭博場に見せかけます。そのため、業界が作り上げたカラクリにはまってしまえば、「大学」と「老後」のための資金で、博打をやらされる羽目になるのです。

そんな、投資の業界が作り上げた〝カラクリ〟にまんまと乗せられてしまうと、ウェインやマークとレイチェル夫妻のように、儲けるどころか、元手がぐっと減ってしまった」という人生の危機が待ち受けます。

story8
当たり屋の〝追っかけ〟には、迷走する運命が待ち受ける

投資をはじめようすると、マネー雑誌を買う人が多いはずです。マネー雑誌には、「いま、この銘柄を買いましょう」と、たくさんの予想が載っていていますから、当たり屋の〝追っかけ〟をやる人が後を断ちません。

かなり昔のことですが、ガードルードもその1人で、毎週、マネー雑誌を買ってきては誰かの予想を鵜呑みにし、株式投資をくり返していました。

そんなある日、マネー雑誌の特集の中で『ブラック・マンディーを当てた女性』という記事が載っていました。

1987年10月19日、通称『ブラック・マンディー』とは、たった1日で株式市場が22・7％も暴落した日を指します。

この特集の女性は、「私は、ブラック・マンディーの数日前から、胸騒ぎがしたの

で、持っている株式を全部売ってしまったの。証券会社の担当者は、〝気が変になった〟と勘違いしたようだけど、今では私のことを「相場の神様」と呼んでいるのよ！とにかく、今すぐ株は全部売り払ってしまうべきだわ」

実際に、マネー雑誌には、彼女の売却記録を載せていたので、これは、間切れもない事実でした。

ガードルードにとってこの記事は〝衝撃の事実〟だったため、この「相場の神様」の言いつけどおりに、1987年時点で、アメリカを中心とした外国の株式はすべて売却することに決めました。そして、「相場の神様」に従って、外国の株式への投資は止めてしまったのです。

確かに、1987年10月4日の時点では、アメリカの平均株価は2600ドルだったのですが、10月19日のブラック・マンディーでは1738ドルへと暴落しています。この暴落を的中させたのですから、まさしく〝神業〟のような予想です。ところが、「相場の神様」は、〝底値の予想〟はしてくれませんでした。

そのため、ガードルードは、ブラック・マンディーの直後に株を売ったままで、再び買うことはなかったのです。

すると、株価は、数年後には、ブラック・マンディー以前の水準に戻ってしまいました。それどころか1998年には9200ドルを超え、2007年には1万4000ドルまで上昇していったのですから、売らずに持ち続けていれば、8倍になっていた計算です。

〝相場の神様〟が抱えていた問題点とは、〝売りどき〟のタイミングを当ててくれたものの、〝買いどき〟のタイミングを予言することができなかった点にあります。予想屋さんのタイミングというのは、1度なら当たるかもしれませんが、2回以上連続で当てるとなると至難の業ということです。

こんなことも知らずに、ガードルードの場合には、当たり屋さんの〝追っかけ〟をやってしまったものだから、手元に残ったのは、たったの100万円だったわけで、これは1987年当時の最安値の水準です。もしも予想の〝追っかけ〟なんてしていなければ、2007年には、800万円になっていたのにね。

chapter 3
「投資の世界」を利用して生涯賃金を補うには知っておくべきことがある

タイミングを読めないなら、ずっと保有するしかない

投資の世界では予想が横行していて、競馬新聞のようなマネー雑誌や情報がたくさんあります。

日本では予想が当たったのか、外れたのかをチェックされることがありませんが、アメリカの大学では予想の追跡調査が盛んで、「誰が、どこで、何を予想したか」をデータベース化して検証しているため、メディアを通じて予想の結果が白日の下にさらされます。

たとえば、『US News & World Report』という雑誌では、1996年3月に『投資家への警告』というタイトルで〝株価は上がり過ぎだ〟とし、『Money』という雑誌では、1997年8月に『今すぐに株を売りなさい』と特集を組み、『Fortune』という雑誌では、1998年9月に『1998年の大暴落』という表紙をつけました。

しかし、実際には、1996年の3〜12月には17・5％、1997年には27％、1

９９８年には25％、１９９９年には18％と、株式市場は上昇を続けていったわけで、雑誌の予想は大間違いであったことが大々的に報じられました。

日本の大学では予想の追跡調査を行っていないため、いつまで経っても、当たり屋の〝追っかけ〟が後を絶ちません。そこで、〝追っかけ〟の危険性を示すために１つだけ例を挙げましょう。

たとえば、２００６年には、日経平均が1万7０００円に戻ったために、この年に発行された雑誌のほとんどが、「これから株式市場は、2万円へ向かう」と予想をしていたことが、図書館でチェックすれば確認できます。しかし実際には、日経平均は、２００８年10月には1万円を割り込み、２００９年3月には7０００円になったわけで、ほとんどすべての雑誌の〝予想〟は、大外れであったということです！

結局、専門家と言えども、予想が当たるわけではありませんから、〝いつが買いどきであるか？〟〝何時が売りどきであるか？〟ということは、誰にも分からないということになります。しかし、幸いなことに**「大学」や「老後」に備えた長期間の投資**

では、タイミングを気にする必要はありません！

過去40年間で言えば、株式市場は年率7・4％で上昇しています。1年や2年で売り買いすればどうなるか分かりませんが、10年、15年、20年以上と期間が長くなるにつれて、このような上昇率に近づく可能性が高いのです。

そして、このような上昇率を丸ごと手にするには、「ずっと持ったままでいる」しか方法がありません。株式市場が大きく上昇するのは、年に数日だけなので、タイミングを狙ってドタバタ売り買いを繰り返して、〝大きく値上がりする数日〟を取り逃がすよりも、そのままにしておくほうが確実だからです。

〝株式市場の恵み〟を逃したくなければ、ガードルードのような〝追っかけ〟なんか止めて、「ずっと持ったままでいる」しか方法がないんですよ。

advance 「大学」と「老後」の準備は、投機でなく投資ですべき

〝大学と老後の準備に投資も利用しましょう〟というと抵抗を感じる方は「投資」と「投機」の違いが曖昧だからです。たとえば、株式や国債への投資とFXへの投資で

は、まったく意味合いが違ってきます。

そもそも株式と債券は、企業や国が資本を集める手段であって、〝人間の無限の欲望を満たすために、経済は拡大再生産を続けていく〟という「資本主義」を前提とした証書であるため、全体としては価値が上昇し続けるという性質があります。そのため、株式や債券は、長期的には〝全員が儲かる投資〟となる可能性があるのです。

これに対してFXは、外国為替の変動を利用して、強いか弱いかを当てることで利益を得るもので、外国為替には将来成長するという性質がありません。

〝誰かが勝てば、誰かが負ける〟という形で、半分が儲かり、半分が損をする「ゼロサムゲーム」となります。

こうした点から、「大学」と「老後」の準備には、株式や債券を使った「投資」を利用し、FXなどの「投機」は利用いたしません。

利用し、FXなどの「投機」は利用いたしません。

一方で、本来、長期的には〝全員が儲かる投資〟となる可能性のある「株式」や「債券」でも、本文のように、専門家の予想を鵜呑みにしてタイミング売買をしてしまえば、そこから「投機」へと変質してしまいます。

というのも、超長期的に見れば、株式市場は上昇を続けるものの、特に大きく上昇をするのは、年に数日だけであるため、タイミングが当たらなければ、収穫を逃すことになるからです。

たとえば、２００３年4月28日から２００７年7月９日までの間に、日経平均は２４０％も上昇したわけですが、この１０３４日の営業日の中で、たまたま株価が大きく値上がりした31日間を逃してしまえば、４年間の２４０％の上昇率は、ゼロになってしまうからです。

以上のように、「大学」と「老後」の準備には、株式や債券などの「投資」を利用することになりますし、株式や債券などを「投資」として利用するためには、タイミング売買などせずに、長期保有することが必要になります。

chapter 3
「投資の世界」を利用して生涯賃金を補うには知っておくべきことがある

story9

「お勧め銘柄」を信じて〝万馬券〟を狙うと財産をスッてしまうかも

投資をはじめようと、マネー番組を見たり、投資セミナーへ足を運んだりすれば〝専門家〟と称する方々が決算書を片手に「この銘柄の業績は、〇〇％上がる見込みです！」なんて言い方でお勧め銘柄について説明してきます。

さっきの予想は、〝タイミング〟を当てるやり方でしたが、こっちの予想は、「1番業績が伸びるのは、これだ！」と、〝業績の伸び〟を当てるやり方です。

競馬にたとえれば、「この万馬券を買いましょう！」と、言っているようなものなのです。

ウェインは、そんな「専門家の予想」が大好きで、毎週、テレビのマネー番組を欠かさず見ていて、「お勧め銘柄」が紹介されると、「よし、この銘柄だっ！」と、証券会社に電話して1本釣りをはじめます。

こうして買った銘柄には、上がったものも、下がったものもあります。

現在、ウェインが持っているのは3銘柄だけですが、上がった銘柄に関しては、「あの先生の予想は当たるなあ」と感心して、2割儲かったところで売却し、下がった銘柄については、すぐに他の銘柄に買い換えてしまいます。

こうして、1年間に、持っている銘柄が5回くらい変わります。

結局、儲かるときには、3ヶ月間で20％利益が出ますが、損をするときには、3ヶ月間で半値になるので、ウェインはトータルでは損をしているわけです。

でも、自分が傷つきたくないから、「いくらの損をしてきたか」なんて、絶対に確認しませんし、投資仲間との飲み会では、儲かったときの自慢話しかしないため、ウェイン自身も儲けてばかりいると錯覚しています。

実は、こうした錯覚は、テレビのマネー番組によって作り上げられた世界なのです。マネー番組では「専門家の予想が、数ヵ月後には、どうなったのか？」を決して放送しないからこそ放送が成り立っているのです。

たとえば、「3ヶ月前の予想は、大外れでしたね！」なんて、司会の人が切り出したら、専門家のいうことを誰も信じてくれなくなって、視聴率が下がった挙句、スポンサーから番組が打ち切られてしまいます。

それなのに、世の中にはウェインみたいな投資家が何百万人もいて、〝自分が損をしたこと〟から目を背け、都合よく忘れているのです。

そんな人が多いから、マネー番組やマネー雑誌に〝専門家の予想〟なんてものが掲載され続けているわけです。

そんなものに引っかかるなんて、ちょっと笑っちゃいますよね！

chapter 3

「投資の世界」を利用して生涯賃金を補うには知っておくべきことがある

〝当たり〟が分からないなら、いろいろ揃えるしか方法がない

アメリカには、凄腕の証券マンが自分のお金を使って株式投資を競う、「投資選手権」という大会があります。

そんな凄腕が集まっているのに、ある年の結果は3500人の選手のうち、利益を出したのは全体の22％に過ぎなかったということです。証券会社の〝凄腕〟といえども、この程度に過ぎません。

同じように、マネー番組やマネー雑誌で、「この銘柄がお勧めだ！」とやっている〝専門家〟と称する人たちの予想も、推してしかるべきというもので、要するに、天気予報と同じだということなのです。

誰だって、明日の天気が気になるから、毎晩、天気予報を見ますよね。でも、天気予報は当ることも多いが外れることも多い、と私たちは経験から分かっています。

天気予報では、翌日には予報が正しかったか否かが分かるので、〝いい加減さ〟がはっきり頭に焼きついてしまいます。しかし投資予想では数ヶ月後にならないと、予

想の結果が分かりません。つまり **〝いい加減さ〟がはっきり頭に残らない**のです。
これが「投資の世界」のカラクリというものです。

こんなカラクリの中で、ウェインのように〝専門家〟を信じて、丁半博打をやっている投資家は山ほどいます。こんな丁半博打をやって「大学」や「老後」の資金を大損した挙句、「専門家の〇〇さんを信じていたのに……」と恨めしそうに愚痴っている人もいるものですが、〝天気予報〟に全財産を賭けている場合じゃありませんよ！

そして、**仮に、予想の1銘柄が当たって、数倍になった場合でも、安心してばかりはいないこと。**

「大学」や「老後」の準備というのは、数十年間にも及ぶことになりますが、その会社が倒産すれば、長年の苦労が水になる可能性もあるからです。

「この会社は、優良企業だから大丈夫！」という保証はどこにもありません。破綻することなど思いもしないような大企業が、いきなり倒産するケースは、枚挙に暇がありません。

こんな具合に株式投資をはじめる場合には、「推奨銘柄」が当たりになるとは限らないし、倒産する可能性だってあるわけなので、結局は、いろいろな銘柄を持っているしか方法がないのです。

学校では、親身になって指導してくれる先生の意見や、相談に乗ってくれる友達の意見は、とてもかけがえのないものであって、「人を信じなさい」と教えられるものですが、「投資の世界」では〝先生〟と呼ばれる人たちの予想は、「あんまりあてにならない」と高を括っておいたほうが良さそうです。

advance
「3万円」の積立投資には、株式投資信託を利用する

大学と老後の準備には株式と債券を使いますが、特に、毎月3万円とか5万円を投資する「積立投資」では、株式の投資信託を利用します。

先述したように、たった1つの会社の株式に投資すれば、株式市場全体は値上がりしても、その銘柄だけが値下がりする可能性があります。また、最悪の場合には、その会社が倒産してしまう可能性もあります。

そこで、たくさんの株式を揃える必要があるわけですが、たとえば、33ページで説明したような、自分の生活の中で利用している企業の株などを揃えるだけでも、3万円では足りなくなりますし、好きな銘柄はその他にもあるはずです。

ここで、投資信託とは、ひと口1万円という小口にわけて、たくさんの投資家から資金を募り、まとまった資金でいろいろな株式や債券を買い揃えて、利益が出れば、口数に応じて分配するという仕組みの商品です。そのため、1万円で数百の株式銘柄を揃えることができるのです。

したがって、**大学や老後の準備では、自分の気に入った銘柄が入っていて、過去のトータルリターンやシグマが株式市場の平均株価からあまり離れていない、株式の投資信託を1つだけ選んで、毎月、同じ金額を、同じ投資信託へ投資していきます。**

その際に1つだけ注意事項をあげるなら、自分で選んだ株式投資信託が、値下がりしようが、値上がりしようが、**毎月、同じ金額で、同じ投資信託を買い続けるという**ことです。たったこれだけのことに気をつければ、誰でも簡単に「積立投資」がはじめられます。

story10
「安く買って、高く売る」をやると、どういう訳だか逆になる

投資の世界で儲けるためには、「安く買って、高く売る」ができればいいことくらい、誰だって知っています。だから、マネー番組やマネー雑誌などの金融メディアを利用して、「これから上がる銘柄」を見つけようと躍起になるわけです。

そして、金融メディアの方でも、こうしたニーズに答えるために、特に1月とか4月には、「昨年（度）の値上がり銘柄トップ10」というランキングを示してくれます。買い物上手のジュディーは、こうした「値上がりランキング」をチェックするのが大好きです。

ジュディーによれば、「たとえば、冷蔵庫を買うときだって、人気がある商品は、評判もよくて、品質も良いでしょ。だから、株を買うときだって、人気がある銘柄が良いってことよ」ということなので、「値上がりランキング」は、何より頼りになるらしいのです。

こうして、ジュディーは、昨年1番値上がりした、金鉱山を持っている「資源株」を、1株1000円で買うことにしました。この「資源株」は、10年前には1株200円だったわけですが、ここ2～3年間、石油の値段が上がった際に、40％も急上昇した銘柄です。

「よし、今年も40％上がるに違いないわ！」とジュディーは自信満々でしたが、蓋を開けてみれば、1年間で30％も値下がりし、今度は「値下がりランキング」にランクインすることになったのです。

こうなるとジュディーの胸中は、穏やかではありません。「人気があるから買ったのに、これでは、あべこべじゃないの！　もう、こんな株なんて、見たくもないわ」って言い捨てると、この「資源株」を1株700円で叩き売ってしまいました。

ジュディーの間違いは、〝「株」を買うことも「日用品」を買うことと一緒である〟と考えてしまった点にあります。

というのも、テレビや洗濯機を買うときには、1番評判の良い商品を〝大安売りの日〟に買いに行けますが、「株」を買うときには1番評判の良い銘柄を買うとは、プレミアム価格で手に入れる、ということになるからです。

「株」と「日用品」では、買い物の仕方が違うのです！

「日用品」を買うときには、雑誌の評判を利用しているお陰で、買い物上手のはずのジュディーは、「株」を買うときには、雑誌の評判を利用したお陰で、買い物下手になっているなんて、なんとも皮肉な結果ですよね。

人気
No3
お客様
人気ランキング
No.1
人気の品!
現品限り

日用品を買う感覚で株を買うと、「高く買って、安く売る」になる

ジュディーのように「株式の買い物」と「日用品の買い物」を一緒だと考えて、失敗している方は、案外たくさんいるものです。

たとえば、健康食品を買う際に、前回買ったのと同じ商品を買っていることが多いと思いますが、これは、実際に使ってみて満足したからで、「過去の実績」に照らし合わせて商品を選んでいるわけです。

また、前回買ったのと違う商品を買う場合には、〝お試しセット〟を利用するだけでなく、「〇〇雑誌のアンケートで1番人気の商品です」とか「愛用者は世界で1000万人を超えた大ヒット商品です」という「製品レビュー」から商品を選ぶことが多いと思います。

このように、「日用品の買い物」では、〝過去の実績〟や〝製品レビュー〟を頼りにするものですが、「株式の買い物」では、こんなやり方では、失敗するに決まっています。

というのも、株式というのは、いつでも同じ値動きをするものではありませんから、1年前には1000円に値上がりして大満足したものの、1年後には500円に値下がりしてガッカリさせられることがあるため、「過去の実績」は、全然頼りになりません。

また、株式というものは、「値上がりランキング」に登場した時点では、買い手が殺到しているため、バーゲン価格で買うどころか、プレミアム価格で買わされる羽目におちいるため、「製品レビュー」も、全然役に立ちません。

ジュディーが利用している「値上がりランキング」というのは、「過去の実績」や「製品レビュー」を利用した「日用品の買い物」そのものですが、こんな風なやり方をしていれば、高値掴みをしていて、当然であると言えるのです。

むしろ、**「株式の買い物」では、「過去の実績」を引きずらず、「製品レビュー」には目もくれず、雨の日も風の日も、自分が決めた〝たった1つの株式の投資信託〟を、淡々と買い続けていくやり方**が正解です。

このやり方だけが、唯一の安値で拾う方法です！

学校では、本を読むほど、賢くなると教えられますが、投資では、マネー本やマネー雑誌を読むほど、〝おバカさん〟になってしまう可能性があります。

マネー番組やマネー雑誌なんかに目もくれずに、毎月、同じ金額を、同じ株式（の投資信託）に、地道に「積立投資」していけば、「株式の買い物」は上手になれるということなのです。

advance
高値で買ってしまう悩みは、積立投資で解決できる

「投資の世界」のカラクリにはまると、〝安く買って高く売る〟というつもりが、〝高く買って安く売る〟をさせられます。ここで役立つのが「積立投資」で、少なくとも〝高く買うこと〟だけは避けることが可能です。

株式市場というのは、上がったり下がったりをくり返すため、たとえば、毎月3万円の「積立投資」では、1ヶ月目に1000円で買ったら、2ヶ月目に500円に暴落するケースも考えられます。

ここからいくらに戻れば損がなくなるかと言えば、1000円と500円の「平均

価格」である750円ではなく、667円で十分なのです。というのも、1000円では30口を購入し、500円では60口を購入していたため、「平均単価」は、6万円÷90口＝667円と計算されるからなのです。

このように、「平均価格」より「平均単価」が低くなる理由は、値段が高い時には数量を少なめに買い、値段が安い時には数量を多めに買っておいたからで、こうした「積立投資」に伴う効果を「**ドルコスト平均法**」と呼びます。

そして、「ドルコスト平均法」の効果は、値動きが大きいほど発揮されるため、「積立投資」では、（値動きの小さい債券ではなく）値動きの大きな株式のみを利用します。

株式市場が下がりっぱなしでは困りますが、超長期では上昇する性質を持つ以上、むしろ一時的な値下がりは「平均単価」を引き下げ、儲けを呼び込んでくれるチャンスというわけなのです。

このように、「積立投資」を行って、毎月同じ金額を、同じものに投資すれば、「ドルコスト平均法」によって、〝安い時にたくさん買って、高いときに少なく買う〟ということを簡単に実行できるということです。

story11
「この銘柄が大好きだ」って、銘柄はペットじゃないでしょ！

長いこと株式投資をやっていると、信じられないほど値段が上がっていることがあります。

リサとジョンのご夫妻の場合、リサのお父さんから相続した時点では、A社の株価は800円に過ぎなかったのに、「A社の株式は、お父さんの形見みたいなものだから」と考え、27年間も手つかずでいたところ、何と8300円にもなっていたのです。

今では、A社の株式はご夫妻の金融財産の95％を占めています。

こうなると、A社の株式は、単なる〝有価証券〟ではありません。まさしく〝父の形見〟であったり、〝我が家の家宝〟になってきます。そして、こんな投資体験をしてしまったものだから、リサとジョンのご夫妻はA社の株式が大好きで、仮に生活費が苦しくても、A社の株式だけは絶対に売ろうとしません。

リサ曰く、「生前の父は、夕食の前に新聞の株式欄を眺めながら、〝おっ、A社の株価が上がっているなあ〟と教えてくれたものよ。要するに、A社の株式って、私が幼いころの〝家族の思い出〟の一部なの。A社の株式を売るなんて、そんなことをしたら父がお墓をひっくり返して激怒するはずよ！」と、感情が入りすぎて客観視できなくなっています。

このような状態になると、かなり危険です！　なぜなら、株式市場というのは、上がったり下がったりするものだからです。実際、この夫妻にも〝そのとき〟がやってきました。

２００８年9月に、リーマンショックが起こったのです。

そこから２００９年3月までには、平均株価が42％も暴落していきましたが、A社の株価も２７５５円まで下落し、ご夫妻の金融財産は、36％しかなくなってしまったのです。

すでに、ご夫妻は、定年退職を迎えていたものの「A社の株式があるから、大丈夫！」と高を括っていたため、贅沢三昧の生活を続け、退職金も底をついた状態でした。

さらに運の悪いことは続きました。

リーマンショックの４ヶ月後、ジョンが大怪我をして、長期間入院をすることになったのです。そこで、２７５５円付近まで暴落した最中に、とうとうA社の株式を売ることになりました。

ジョンの病室へ着替えを届けにきたリサは、溜息をつきながら呟きました。「少しだけでも株を売って現金に換えておけば、こんなに安値で叩き売りをしなくても、良かったのにねえ……」

長年持ち続けた株式だからって、投資は、ペットを飼うのとは違うのです。株券にブラシをかけて大切に育てたつもりでも、いきなり枯れちゃうときだってあるのです。

chapter 3

「投資の世界」を利用して生涯賃金を補うには知っておくべきことがある

〝旬の投資〟を収穫するには、いろいろな資産を揃えるしかない

リサとジョンのご夫妻のように、特定の株式だけに〝愛着〟を持っている人は、結構いらっしゃるものです。

たとえば、エンジニアをしていると、「ハイテク株」にしか興味がなかったり、一昔前の〝鉄は国家なり〟という言葉が好きで、「鉄鋼株」ばかりを買っているというケースです。

しかも、30～40年も前から投資をはじめていた場合には、「以前、猛烈に儲かった」という実体験があるために、ますます〝愛着〟が沸いてくるという次第です。

そして、こういう方々というのは、資産運用とは、ハイテク株や鉄鋼株を買うことであると勘違いをしがちなのです。

ところが、こうした〝偏った資産〟を持っていると、リサやジョンが経験したように、「いざ換金しようとしたら値下がりしてしまって、売るに売れない」という事態

を招きます。

そして、リサやジョンが経験したような、お金が必要なときに、投資から換金して確保するという意味以外にも、全体のリスクを小さくするという意味で、いろいろな「資産」を持っておくことが大切です。

資産の種類には、「現金」「株式」「債券」「海外」「不動産」「天然資源」「貴金属」などがありますが、おのおのに〝旬の時期〟があって、収穫の時期が異なります。

たとえば、リーマンショック後の半年間では、「株式」が42％暴落する一方で、ゴールドなどの「貴金属」の値段が14％上がったように、どれかが下がっている一方で、どれかが上がっているものなのです！

そこで、**いろいろな「資産」を持っていれば、「値下がりした資産」を「値上がりした資産」で〝中和〟する形で、全体的な変動を小さくできますし、換金する際には「値上がりした資産」を売却すれば問題がありません。**

このようにいろいろな「資産」を持つことを〝**分散投資**〟と呼びます。

リサとジョンのご夫妻やハイテク株の愛好家に欠けていたのは、資産の偏りを矯正する分散投資だったわけです。「株式」という〝たった1つの資産〟しかもっていなかったために、「株式」の旬の時期が過ぎたとき値下がりに直撃され、売るに売れない状況に陥ったというわけです。

advance
3万円の「積立投資」はやがて分散投資へ脱皮する

退職金のように、まとまった資金を「一括投資」する際には、いろいろな資産を揃えて〝分散投資〟することになります。本文のように、1つの資産に偏っていては、投資を換金する際に暴落に見舞われれば、数十年間の投資期間が水泡に帰すかもしれません。

それだけでなく78ページで紹介した〝アメリカの投資革命〟によれば、「**いくつかの資産を一緒に持つと、別々に持っているよりも、全体のリスクが小さくなる**」ということが分かっています。

たとえば、次のような「株式」と「債券」を半分ずつ持っていた場合、単純に計算すれば、全体の「投資リスク」を示すシグマ（＝標準偏差）は、50％×20％＋50％×

3％＝11・5％となるはずですが、実際には、全体の「投資リスク」は11・5％以下になるということなのです。

このことは、アメリカで同時多発テロが起きた2001年9月から翌年にかけて、株式市場は大暴落しましたが、同じ期間に債券の値段が5％近くも上昇していたように、異なる資産が異なる値動きをしてお互いを相殺し合うために、性質の異なる資産を一緒に持つと、全体の変動が小さくなったことからも分かります。

つまり、「一括投資」では、たくさんの種類の資産を利用した〝分散投資〟を行えば、全体の「投資リスク」を小さくすることができるのです。

そして、資産の種類とは、国内と海外の株式と債券の4つの他に、不動産、天然資源、貴金属、派生商品、預金と全部で9種類になりますが、不動産、天然資源、貴金属に関しては、それらを保有している会社の「株式」や、それらに連動する「債券」を集めた投資信託を利用することで、**投資信託だけで〝分散投資〟を完成させることができる**のです（派生商品は、投資信託の仕組みとして、すでに利用されています）。

なお、これまで説明してきた「積立投資」の場合にも、ある時期を過ぎれば、分散投資が必要になってきます。たとえば、毎月3万円で同じ株式投資信託を買い続けていくと、はじめのころは、「値段が安いときには、たくさんの数量を買って、値段が高いときには、少ない量しか買わない」という形で、「ドルコスト平均法」の効果が期待できます。

しかし、たとえば、10年後に投資金額が３６０万円になった時点で、〝3万円分〟だけを安く買ったところで、全体の「買い単価」はほとんど下がらなくなっています。しかも、そこまで買い続けてきたのは、同じ株式投資信託なので、投資金額の３６０万円が、「株式」というたった1つの資産に偏った状態になっています。そこで、「積立投資」がある程度の〝塊〟になった段階で、「株式」に偏った状態から、いろいろな資産へ〝分散投資〟してやることが大切になります。

図のような過去5年間の「リターン」と「シグマ」を持つ「株式投資信託」と「債権投資信託」を半分ずつ保有する場合、「全体のリターン」と「全体のシグマ」は、それぞれ「リターン」と「シグマ」に「割合」を反映させた加重平均になるはずです。しかし、「全体のシグマ」に関しては、加重平均以下になるということが、アメリカと牛革命によって発見されたのです。

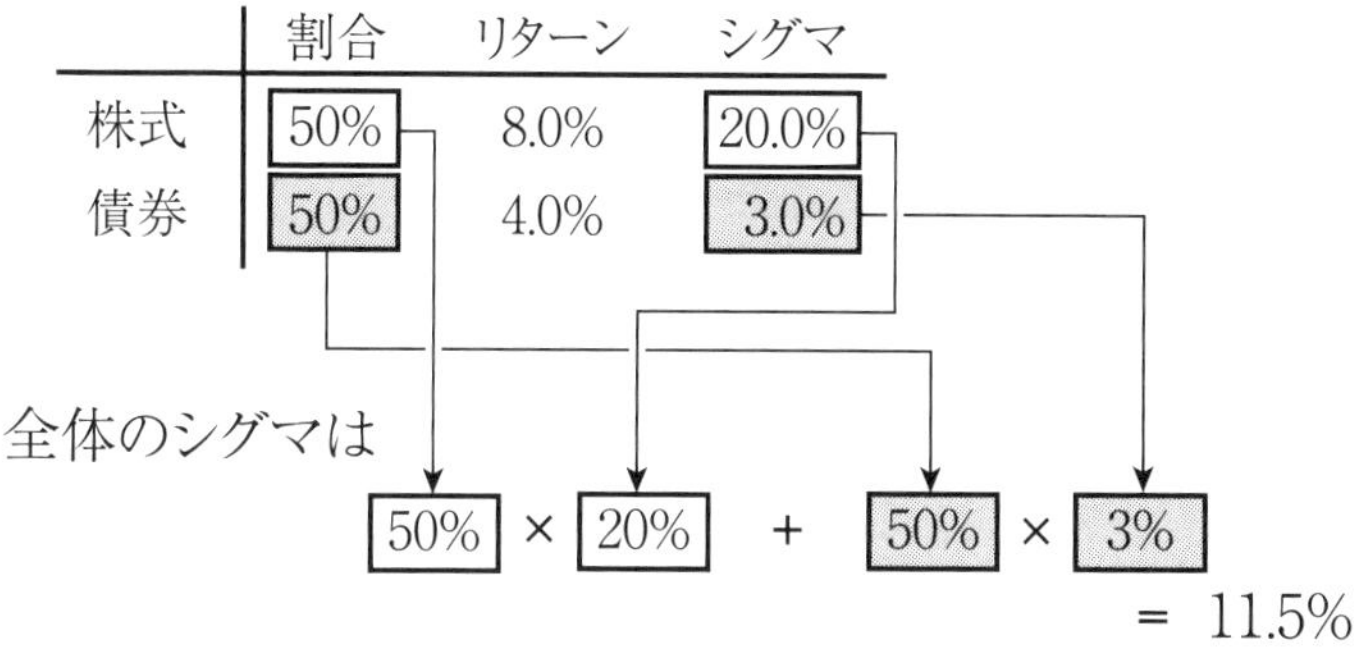
割合
リターン
シグマ
株式
50%
8.0%
20.0%
債券
50%
4.0%
3.0%
全体のシグマは
50% × 20% + 50% × 3%
= 11.5%

story12
年に15％以上を目標にする〝欲張りな子豚ちゃん〟の運命とは

投資をはじめる際には、「何年後に、何％上昇しているか」という目標を立てます。たとえば、証券会社で株式投資をはじめると、営業マンが「この銘柄は、３ヶ月で20％上がると思います」という言い方をしてきます。

長年、株式投資を続けてきたマークとレイチェルのご夫妻は、こういう〝言い回し〟に慣れているため、「年に３％の値上がり」なんて論外ですし、「年に10％の値上がり」だって我慢ができない水準で、〝投資するなら、年に15％以上儲からないと意味がない！〟と考えています。

ただし、「年に15％以上の値上がり」を目標とすることがどういうことなのか、マークとレイチェルのご夫妻が分かっているのかは、大いに疑問が残ります。というのも、現在の日経平均は１万円ですが、仮に、今後20年間、年率15％で上昇した場合、20年後の日経平均は、16万４０００円になっているからです！

つまり、「年率15％を目指す」とは、20年後には16倍にしたいということですが、過去45年間では、日経平均の上昇率が年率7・8％だったことを考えると、とても高過ぎるので、まず実現することはありません！

さらに問題なのは、実現できないどころか、大損する可能性が高いということです。「投資の世界」には、「リスクとリターン」の関係があって、〝大きな儲け〟には、〝大損の可能性〟がついて回るものなのです。

たとえば、年率7・8％の上昇率だった日経平均ですら、過去45年の間には、42％も値下がりした年もあったのですから、さらに高い上昇率の投資では50％以上も損をする年があるかもしれません。

・毎年3％しか上昇しないけど、せいぜい10％しか値下がりしない。
・毎年15％も上昇するけど、酷いときには50％以上も値下がりする。

どちらを選ぶのかは、一人ひとりの資産状況によって決まります。誰だって、儲けたいでしょうが、住宅ローンをたくさん抱えていれば、損が大きいと生活できなくなるかもしれません。つまり、目標とする上昇率は、〝本人の希望〟だけでなく、〝資産状況〟によって制約されてしまいます！

こんなことなどお構いなしで、「年間15％以上儲からないと駄目よ」なんて、〝大きな儲け〟に目が眩らんでしまう人たちって、まさしく〝欲張りな子豚ちゃん〟です。

「投資の世界」では、上昇相場で力を発揮する〝牛さん〟や下落相場で力を発揮する〝熊さん〟なら、十分に生き残っていけるものの、マークとレイチェルのご夫妻のような〝欲張りな子豚ちゃん〟は、相場の荒波にコロコロと転がされて、気がついたときには、大損させられて退場しているかもしれませんよ！

chapter 3

「投資の世界」を利用して生涯賃金を補うには知っておくべきことがある

投資選びは、一人ひとりの「資産状況」で決まってくる

投資の世界には、「リスクとリターンの関係」があって、儲かる見込みと損する可能性は比例します。大きく儲かる銘柄とは、大きく損する可能性のある銘柄であり、儲けが小さい銘柄とは、損する可能性が小さい銘柄であるということです。

つまり、リスクとリターンとは、個々の投資の「性質」です！

マネー番組やマネー雑誌の「お勧め銘柄」や「値上がりランキング」にあがってくる銘柄は、「大きく値上がりするが、大きく値下がりもする」という性質を持つ銘柄が、たまたま大きく値上がりしている時期に、〝良い投資です〟と仕立て上げているだけで、〝大損する可能性〟があることは、ひた隠しにされています。

実際には、〝良い投資〟〝悪い投資〟というものは存在しません！　むしろ、重要なのは、**自分に適した投資を選ぶこと**にあります。

そうした意味からすれば、投資の世界というのは、病院で治療を受けるときに似て

います。怪我をしたからといって〝良い薬をくださいな！〟と、いきなり病院で尋ねるなんてありえません。レントゲンや血圧を取ってから、怪我の症状に応じて処方箋が出されます。

それと同じように、「年収」「投資経験」「負債」「年齢」などに応じて、適切な投資というのが大雑把ですが決まってくるものなのです。

たとえば、〝住宅ローンを抱える人〟と〝1億円の宝くじを当てた人〟では、狙えるリターンが違います。

前者は大損すれば生活できないので、他の要素はあるものの「ローリスク・ローリターン」に偏ってくるものです。しかし、後者は大損しても支障がないため、かなりの「ハイリスク・ハイリターン」にチャレンジできます。

どの性質の投資を選ぶかは、投資家一人ひとりの「資産状況」に左右されてきます。具体的には、「預金」「債券」「株式」「海外」「不動産」「天然資源」「貴金属」といった「資産」に関係した投資信託を組み合わせ、「資産の割合」と「投資信託の性質」を調節することで、自分の資産状況に適したリスクとリターンを実現できます。

上がったときも、下がったときも、支障がないのが「適切な投資」です。

英語で、上昇相場のことを「ブル（=牛）マーケット」、下落相場のことを「ベア（=熊）マーケット」と呼びますが、前者では、「1番上がった資産の一部を売って、1番上がっていない資産を買い足す」という戦略が有効です。

一方、後者では「1番下がった資産を買い足すために、1番下がっていない資産の一部を売却する」という戦略が有効です。

こうした戦略をとっていれば、いつでも「資産の割合」は一定になりますから、上がったときも、下がったときも、「投資の世界」で生き残ることができます。

しかし、マイクとレイチェルのご夫妻のように上がったときだけを考えている〝欲張りな子豚ちゃん〟は、下落相場に遭った時点で、〝イチコロ〟となる運命にあるということなのです。

advance
〝高く売って、安く買う〟には、適切な割合と見直しが大事

一人ひとりの「資産状況」に適した投資は、組み合わせる「資産の割合」を調整することによって作り上げることができます。

121ページでご説明したように、全体の「トータルリターン」と「シグマ」は、「投資信託の数値」に「割合」を反映させた数値の合計になります（シグマはそれ以下になる）が、各資産に対して、平均的な投資信託を選んだ場合、「投資信託の数値」は資産の平均に近くなりますから、結局は、「割合」の違いによって、全体の数値は左右され、一人ひとりの資産状況に適した投資が出来上がってきます。

そこで、「資産状況」からリスクの大きく取れる場合には、株式や海外などの「ハイリスク・ハイリターン」の資産の割合を大きくし、「資産状況」からリスクを大きく取れない場合には、債券などの「ローリスク・ローリターン」の資産の割合を大きくして調整します。

こうして一人ひとりの「資産状況」に適した投資が出来上がるわけですが、一つひとつの投資信託の過去のデータから、大雑把に全体の「投資リターン」と「投資リスク」を数字で知ることができるため、「大学」や「老後」の準備に利用できるというわけです。

①資産の平均に近い「リターン」と「シグマ」を持つ投資信託を選べば、「全体のリターン」と「全体のシグマ」を決めるのは「割合」となる。

「国内株式」（リターン／シグマ × 割合）＋「国内債券」（リターン／シグマ × 割合）＋「海外株式」（リターン／シグマ × 割合）＋「海外債券」（リターン／シグマ × 割合）＋「天然資源」「貴金属」「不動産」も同様

②過去40年間では、「国内債権」「海外債権」「国内株式「海外株式」の順序で、「ローリス・ローリターン」から「ハイリスク・ハイリターン」となっている。この主要4資産にたいして、さらに「全体のシグマ」を安定させるために、「天然資源」「貴金属」「不動産」等をつけ加える。

③資産状況から「ローリスク・ローリターン」を選択する場合には「国内債権」の割合を多くとり、「ハイリスク・ハイリターン」を選択する場合には、「国内株式」や「海外株式」の割合を多くとるようにする。

なお、投資というものは、値段が上がったり下がったりするため、時間が経つに連れて、値上がりした資産の割合は大きくなり、値下がりした資産の割合は小さくなってしまいます。そこで、定期的に見

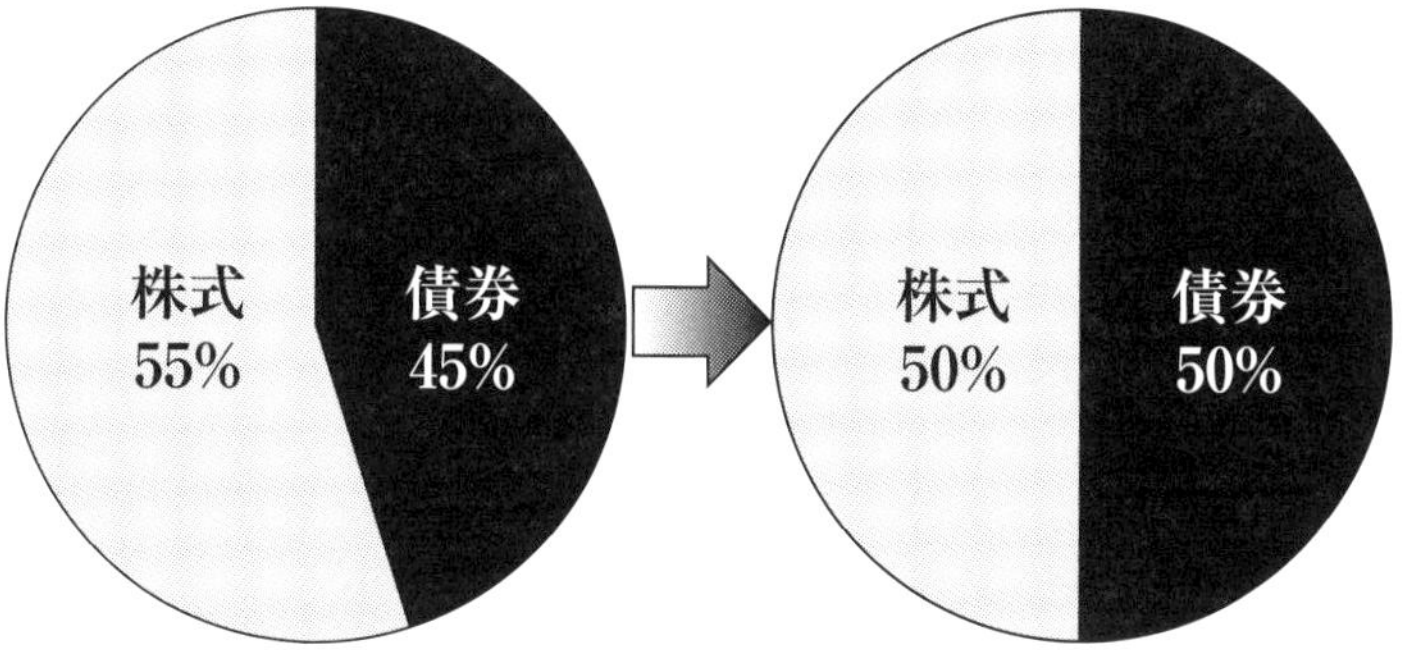

直しをします。

仮に、「株式」：「債券」＝50：50でスタートした場合、株式が値上がりすれば、「株式」：「債券」＝70：30、または「株式」：「債券」＝90：10へ崩れてしまい、せっかくの分散投資の意味がなくなります。

そこで、たとえば、「株式」：「債券」＝55：45になった時点で、値上がりした株式の一部を売って、値下がりした債券を買い足して、「株式」：「債券」＝50：50に戻してやります。

これは「**リバランス**」と呼ばれる作業ですが、定期的に「リバランス」を行うことで分散投資を維持できるだけでなく、結果的に、値上がりした資産を売って、値下がりした資産を買うことになるため、**「高く売って、安く買う」という投資の必勝法を自動的に行うことになる**のです。

chapter4

「大きな買い物」では
ちょっとした油断が命取りになる

イントロダクション

人生の危機というものは、こんな所からやってくる

世の中には、「お金がない」という悩みを抱える人が、たくさんいらっしゃいます。しかし、それ以上に深刻なのが、借金を抱えてしまうということです。

誰でも生まれてきたときには、借金なんてしていなかったはずですから、「人生のどこかでお金の使い方を間違えた」というのが、借金を抱える原因だと考えられます。借金というものは、非常に無邪気なところから始まります！

つまり、「海外旅行へ行きたいなあ」「この洋服は素敵だなあ」「この時計はカッコイイなあ」というところからスタートして、「これが欲しいなあ」と思った瞬間に、「今は手持ちのお金がないけどボーナスで払えばいい」としてしまうところから、すべての借金ははじまるものなのです。

要するに、まだ収入を稼いでいないにもかかわらず、「これ買った！」という具合に、先に使ってしまうというやり方です。これが旅行や洋服や時計の間は、無邪気な

背伸びをしているに過ぎませんが、それが自動車やマンションへと発展すると、無邪気な背伸びが、悲惨な現実へと変わっていくのです。

これからご紹介する人々、「カッコいいなあ」と思って、スポーツカーを買ったボスレーにしても、「駅に近くて便利だわ」と、大き目のマンションを買ったダレンとバーバラのご夫妻にしても、ほんの少し無邪気な背伸びをしたことから、借金生活がはじまりました。

数年が過ぎた時点で、「どうして、こんなに借金を貯め込んじゃったんだ?」と後悔するような悲惨な現実が待ち受けていたわけです。自動車やマンションなどの「大きな買い物」をするときには、慎重に扱わないと人生の危機が待ち受けるということです。

では、これからそのストーリーを見ていきましょう。

story13
ほんの少しの背伸びから、借金地獄がはじまる

世の中には自己破産をしたり、家を取り上げられる人がいます。しかし、そのほとんどの人々は、別にギャンブル漬けになったこともなければ、何か悪いことをしたわけでもありません。

ただ単に、自動車やマンションなどの大きな買い物をした際に、ほんの少しだけ、背伸びをしてしまったことが原因なのです。

たとえば、35歳独身のボスレーの場合、10年ほど前から乗っていた中古のセダンを買い換えようと思い足を運んだ販売店に、たまたま新車のスポーツカーが置いてあったことがすべてのはじまりだったのです。

若いころ憧れていたスポーツカー。セールスマンに案内されるまま運転席に乗ってみると、「やっぱりカッコいいなあ」と、夢中になってしまいました。

スポーツカーの値段は300万円です。当初の予算は200万円だったものの、5年のローンを組めば、毎月1万5000円を追加すれば、買えないこともありません。

「よし、こっちのスポーツカーにしよう!」

こうして、ボスレーは、〝毎月4万5000円の支払いで、5年間で完済する〟という契約を結び、スポーツカーを買うことに決めました。

しかし、今から考えてみれば、この〝ちょっとの背伸び〟が、ボスレーの借金地獄のはじまりであったのです。


ボスレーの月収は30万円ですが、税金や社会保険料や生命保険料などを差し引かれると25万円に減ってしまいます。ここから、毎月4万5000円を支払った挙句、ガソリン代、保険料、税金、駐車場代など、自動車関係だけで総額5万円を支払うことになり、手取りの40%近くがなくなります。

残ったのは15万5000円ですが、同居している親へ、家賃代わりに5万円を支払ったら、残りは10万5000円になってしまいます。これから5年間というもの、ボスレーは月10万5000円の生活を余儀なくされるのです。

そんなボスレーに友人が「ビーチに泊りがけで旅行に行こう」と誘ってきました。

もちろん10万5000円では足りないので、ボスレーは10万円だけ、カードローンで借りることにしました。

そして、ビーチから帰ってきたら、今度は、ガソリン代や自動車ローンのお金が足りず、またまた10万円を借りる羽目に陥ったのです。

こうして、クリスマスパーティーや友人の結婚式に出席する度に、10万円ずつ借り入れを増やし、気づいたときには100万円を超えていたのです。

ボスレーは、何も悪いことをしていません。ただ、少しだけ背伸びをして、スポーツカーを買ってしまっただけなのですが、今では、大きな借金を抱えて、お金に困った生活を送っている有様です。ボスレーが呟きました。

「あのとき、中古のセダンにしていれば、こんなことにはならなかったのに……」

chapter 4

「大きな買い物」ではちょっとした油断が命取りになる

ライフスタイルを引き上げる際には注意が必要

借金地獄や自己破産というのは、ほんの少し無邪気な背伸びすることからはじまります。ボスレーのように、200万円のセダンを予定していたのに、300万円のスポーツカーに目移りしてしまうなんて、本当によくある話ですよね。

そして、スポーツカーへ目移りしているところへ、「**毎月1万5000円だけ**、余分に支払うだけですよ！」って畳み掛けられたら、大抵の人は買う気にさせられてしまいます。この瞬間こそが、借金地獄と自己破産への入り口です！

自動車などの大きな買い物をする際には、無邪気な背伸びのつもりだったのに、現実には、ライフスタイルを大きく引き上げてしまうことが多いものです。ボスレーの場合には、そこから5年間に渡って、毎月の給料のうち4万5000円（+諸経費5万円）の使い道を決めてしまったということになるのです。

本来ならば、お給料が上がってからライフスタイルを上げるべきでしたが、実際にはお給料が上がる前から、ライフスタイルを上げてしまったので、どこかにしわ寄せがやってくるのは当然なのです！

それでも、ビーチの旅行、クリスマス、結婚式などのどれかを我慢すればいい、と思うかもしれません。しかし、人は今あるライフスタイルを引き上げることは簡単にできても、引き下げることは容易にはできないものなのです。

今まで通りを続けてしまった結果、カードローンを使ってしまったということです。何かの点で、ちょっとだけライフスタイルで背伸びした場合には他のどこかで、ライフスタイルを調整する必要があります。

自動車などの大きな買い物では、こうした調整ができなければ、人生の危機に陥ります。そして、〝健康〟であったはずの家計は、スポーツカーへのひと目惚れを境に、5年間の「家計の病気」にかかってしまい、カードローンを使った時点で、「家計の死」へ近づきます！

「経験や思い出は、お金じゃ買えない」なんてテレビのコピーに乗せられて、「海外旅行へ行きたいなあ」「この洋服は素敵だなあ」「この時計はカッコイイなあ」を2段抜かしで飛び越えないように。「いまは、手持ちのお金がないけど、ボーナスで払えばいいわ！」なんて考えると、ボスレーみたいに、後悔することになっちゃいますからね！

advance
人生の目標を実現させるファイナンシャル・プランニング

どうしても欲しいものがある場合、story2でご説明したように、たった1つに目標を絞り込むことが重要です。

たとえば、1ヶ月間の海外留学、1年後に控えた結婚、自動車やマンションなど、「人生の目標」を1つに絞り込みます。そして、まず、その目標を達成するための費用がいくら必要になり、何年後に実現したいのかを考えます。

次に、目標のために用意できる「金額」を計算します。基本的には、給料と貯金からいくらまで利用でき、実現時期までに投資を利用して何％増やせるかをシミュレーションして考えます。

最後に、「目標の費用」と「用意できる金額」を比べて、お金が余るようであれば問題ありませんが、お金が足りないようであれば、①**「目標金額」を引き下げる**、②**「用意する金額」を増額する**、③**「実現時期」を先に延ばす**、という3つの方法を利用して、調整します。

このように「人生の目標」を設定して、それを実現するために「資産状況」を見直すプロセスを、ファイナンシャル・プランニングと呼びます。そして、1つの目標が達成されたら、次の目標を設定するという具合に連続させれば、人生は幸せに満ちていて、しかもお金に困らない状況が続きます。

ボスレーのように、自動車を買うことが目標とすれば、懐具合をシミュレーションして、値段を下げる、他の支出を削る、購入時期を延ばす、のどちらかの調整をすれば、目標は実現していたということになります。

story14
ギリギリの状態で買うと家やマンションを失うかも

自動車やマンションなどの大きな買い物をする際に、無邪気な背伸びをしてしまい、人生の危機に陥ってしまう例は、枚挙に暇がありません。

たとえば、ダレンとバーバラ夫妻も、マンションを買うときに無邪気な背伸びをしてしまいました。

ダレンとバーバラは、共稼ぎの夫婦なので、銀行の住宅ローン係は「2人の年収は併せて800万円あります。800万円という年収からすれば、平均的な3800万円のマンションではなく、ギリギリで6700万円のマンションを買うことが可能です」と言いました。

これは、最近はじまった「住宅ローンの自由化」によるもので、借り入れ条件が緩和されてきたために、同じ年収に対して、今まで以上に大きな住宅ローン枠が認められるようになったため、大きなマンションを購入できるようになった結果です。

もちろん、6700万円のマンションは、駅にも近く、部屋数も多く、3800万円のマンションとは比べようもないほど魅力的です。

そこで、ダレンとバーバラは「2人で働けば、何とかなるから大丈夫！」とお互いの顔を見ながら、励まし合いました。

そして、数日後、2人は、住宅ローンを申し込んで、6700万円のマンションを買ってしまったのです！　こうして、ダレンとバーバラ夫妻は、これから35年間、毎月23万円を返済する、長い長い旅路をはじめることになったのでした。

しかし、それから3年後に、2人の運命を大きく左右する事件が起こってしまいました。ダレンとバーバラ夫妻に、1人目のお子さんが誕生したのです！

妻のバーバラの勤務先は、産休に関しては制度が整っていましたが、育児休暇に関してはあまり理解のある会社ではありませんでした。そのため、子どもが急に病気になり、保育園にも預けられないときには、欠勤するしか手がありません。

こうしてバーバラは会社を辞めざるを得なくなりました。

すると、2人の年収は、800万円から500万円へと激減してしまい、毎月23万

円の支払いが滞ると、結局は、マンションを取り上げられてしまい、それが原因で、
2人は離婚することになりました。
あのとき、ギリギリの住宅ローンを組んでいなければ……。

chapter 4

「大きな買い物」ではちょっとした油断が命取りになる

家の本当の値段とは？

平均的な３８００万円のマンションなら、月々11万５０００円の返済でＯＫなので年収の17％で済みますが、６７００万円のマンションを選んだために、月々23万円の返済という年収の35％が住宅ローンの返済に回ることになってしまったお話です。

ダレンとバーバラの失敗は、「賃貸マンション」から「分譲マンション」へとライフスタイルを引き上げた際に、今の状況だけを考えてギリギリの状態にまで支出を引き上げてしまったことです。だから、子どもが生まれるという新しい状況の変化に対しては、限界を超えてしまったのです。

そもそも６７００万円の住宅やマンションというのは、６７００万円を用意するだけで買える代物ではありません。「販売価格」以外にも、不動産業者の仲介手数料、契約書の印紙代、登録免許税、司法書士手数料、不動産取得税、保有税を支払う必要がありますし、仮住まい費用や引越し代、水道や電話移設代などもかかるため、「追加費用」として、「購入価格」の５～10％が必要です。さらに、６０００万円の住宅ローンを金利3％で借りて、35年払いとすれば、「金利支払い総額」は3700万円にも上ります。

つまり、6700万円のマンションの本当の費用は、1億1000万円となるわけです。これを毎月23万円ずつ返していく運命が、これから35年間に渡って、ダレンとバーバラに待ち受けていたわけです。

以上のような「購入価格と実際の費用との違い」について、よく分かっていないにもかかわらず、毎月の返済金額のことだけを考えて、〝ギリギリの状態〟でマンションを購入してしまうケースが非常に多いものです。

しかし、ライフスタイルというのは結婚した時点で大きく変わってしまうだけでなく、出産や育児や進学によっても大きく変わってしまいます。そのため、**大きな買い物をするときには、これからの収入やライフスタイルの変化にも十分対処できるように、ある程度の余裕も必要になる**ということなんです。

学校のテストでは、〝一夜漬け〟でも、ギリギリ間に合うわけですが、お金の問題では、ギリギリで間に合わせようとすると、何かのきっかけで〝家を失うことになるんだ〟ってことをきちんと覚えておきましょうね。

advance
家は〝投資〟ではなく〝住む所〟

住宅ローンとは、年収との関係で金額が決まります。以前の旧住宅金融公庫では、「1年間の返済金額が年収の20％まで」という条件だったので、本文の例で言えば、875万円の頭金と3500万円の住宅ローンを使って、4375万円のマンションしか買えませんでした。

しかし、新しくできた住宅金融支援機構が提供する〝フラット35〟では、「1年間の返済金額が年収の30～35％まで」という条件で住宅ローンを組めるようになったので、年収800万円の35％にあたる280万円を返済するなら、700万円の頭金と6000万円の住宅ローンを使って、6700万円のマンションを買えるようになったのです。

視点を変えれば、従来は、「20％の頭金」と「80％のローン」で年収の5倍程度のマンションしか購入できなかったのに、最近では、「10％の頭金」と「90％のローン」で年収の6倍以上のマンションを購入できるようになったのです。

ただし、住宅購入にあたっては、**「1年間の返済金額が年収の15~20%まで」に自制する**必要があります。というのも、そもそも旧住宅金融公庫時代にとられていた「20の自己資金で100の物件を購入する」というやり方でさえ、株式投資で言えば、経験豊富な投資家だけに許される「信用取引」と同じ構造であるからです。

つまり、20の自己資金に対して80を借り入れて100の物件を購入すれば、「儲かる場合には5倍儲かるが、損するときには5倍損する」という仕組みです。これをさらに上乗せしていくとは、ほとんど自殺行為に等しいと言えます。

こんな信用取引を平気な顔をして行っているのは、〝住むべき場所を確保するため〟であることだけは、決して忘れるべきではありませんし、多少なりとも信用倍率を減らすためにも、ローンの上限に関して自制が必要ということです。

story15
結婚したのに〝独身気分〟では家計は火の車

自動車やマンションなどの大きな買い物をするときには、普通だったら誰でも、「清水の舞台から、飛び降りる」というくらいの気持ちになって、それなりに他の生活を切り詰めようと考えます。

story13のボスレーだって「高級スポーツカーを買ったんだから、飲みに行くのは控えよう」と考えたでしょうし、story14のダレンとバーバラ夫妻だって、「高級マンションを買ったんだから、外食を控えなくちゃ」と誓い合ったはずなのです。

彼らの失敗は、借金の金額が大き過ぎた点にありました。

しかし、世の中には、年収はかなりあって、借金の扱いも悪くないのに、状況の変化が飲み込めないで、失敗しているケースもあるものです。

ロンとグレッタのご夫妻は、そうしたケースの典型でした。

2人が結婚したのは、ロンが44歳で、グレッタが41歳のときです。いわゆる晩婚だったために、ロンの年収は１０００万円、グレッタの年収は６００万円でした。２人ともそれぞれマンションを持っていましたが、結婚と同時に古いマンションを売り払い、大きな家を買って新婚生活をはじめたのでした。

２人の年収は１６００万円もあり、住宅ローンは毎月20万円だったので、結婚してからも、まるで独身時代のように快適な生活が続きました。そのため、結婚後も、ロンは趣味のオートバイを続けて、今では5台も持っていますし、グレッタは趣味のスキューバダイビングに年に3回出かけていきます。

ところが、翌年、グレッタが妊娠することになりました！

予期せぬ妊娠に夫婦で大いに喜び合ったものの、育児に専念するために、グレッタが仕事を辞めてしまうと、２人の年収が激減することになりました。それでも、ロンの年収からいえば、まだまだ住宅ローンが負担になる段階ではありません。しかし、子どもが生まれてから数年後、ご夫婦には数百万円の借金があったのです！

よくよく調べてみると、子どもを持ったにもかかわらず、グレッタは両親に子どもを預けてスキューバダイビングを続けていましたし、ロンはまたまた新しいオートバイを買っていたのでした。

家を買って、子どもを持ったのに今まで通りをやってしまっていた。これがすべての原因でした。

そして、独身時代と同じように、お互いが別々にカードで支払いをしていましたが、どういう訳か月末までに完済できなくなって、ローンが貯まりはじめてしまったのです。まったくピーターパンじゃあるまいし、〝永遠の子ども〟ならぬ〝永遠の独身〟を続けていたら、お金がなくなって当然なんですよ!

chapter 4

「大きな買い物」ではちょっとした油断が命取りになる

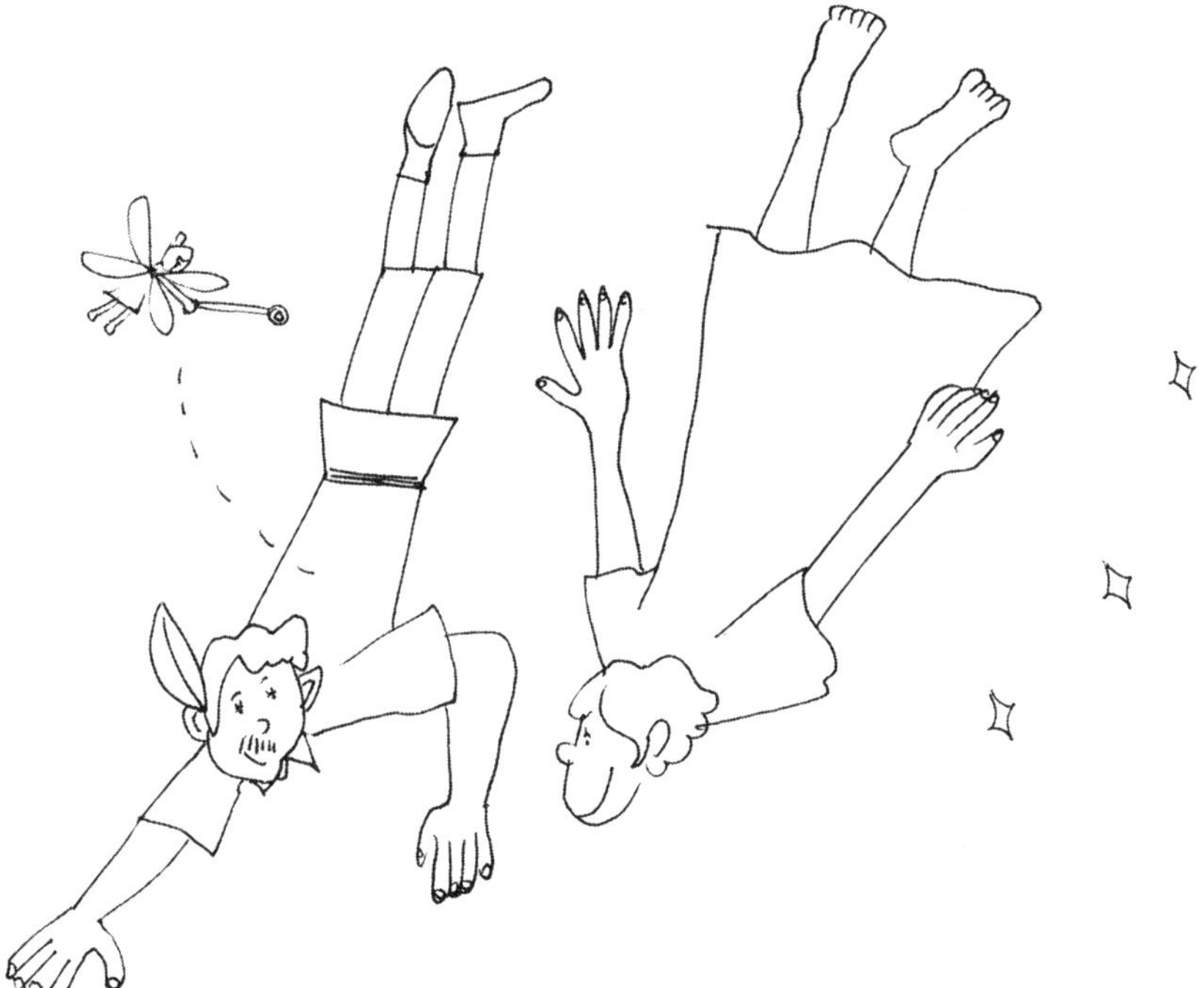

新旧2つのライフスタイル両立は至難の業

ボスレーやダレンとバーバラ夫妻の場合には、自動車やマンションを買うことで、〝地に足の着いていない〟といった感じの新しいライフスタイルを作り上げたため、結局は、借金で首が回らなくなってしまいました。

この点に関しては、ロンとグレッタ夫妻の場合には、〝地に足が着いた状態〟で、新しいライフスタイルをスタートさせていますから、家のローンで首が回らなくなったのではありません。問題なのは、結婚して、子どもができたのに、独身時代のままのライフスタイルを続けた点にあるのです。

芸能人の中には、結婚して、子どもできたのに、まるで独身時代のままの〝ママドル〟なんかをやっている人もいます。一般の人々の中にも、子どもが生まれても流行の洋服を着て、エステに通い、お洒落なレストランで食事している人たちがいますが、お金を稼いでいるのなら問題ありません。

一般の家庭では、結婚すれば、夫婦で話し合ってどちらの給料から家賃や電気代を支払うか決めますし、子どもが生まれたらどちらが保育園の送り迎えをするか役割分担した挙句、ご主人のお小遣いまで制限されることが普通です。

お金の使い方やライフスタイルは、完全な共同作業になるわけです。

新しいライフスタイルが誕生していて、確実にその分のお金を使うことになるのに、気分は独身時代のまんま、古いライフスタイルを満喫していたら、お金は2倍かかることになるはずです。

ロンとグレッタの場合には、結婚して子どもが生まれるまでは、新旧両方のライフスタイルを満喫できたわけですが、グレッタが専業主婦になった時点で、〝独身時代〟と〝家族生活〟の綱引きがやってきたのです。

本当なら、ロンのお財布は〝**家族共通のお財布**〟として、夫婦で話し合って使うべきなのです。

独身時代から夫婦生活へ変わった。夫婦生活から子どもができた。共働きから専業主婦へと変わった。これらすべてが新しいライフスタイルを生み出しますが、ライフスタイルが変わったら、古いライフスタイルは改めなければなりません。

新旧両方のライフスタイルの両立は、ほとんど不可能です！

学校では、クラブ活動と勉強の両立は良いことだとされていますが、結婚して、子どもができてからは、独身時代からの〝銀座のクラブ活動〟と〝マイホームパパ〟とは、両立しないってことなんです。

advance 結婚後、夫婦で確認すべき10箇条

結婚というのは、まったく違う人生を歩んできた２人が共同生活を開始するということです。

特に、お金の習慣というのはすれ違いが続けば、耐え難い苦痛となってきます。そこで、お金の習慣についてご夫婦で話し合いをしておくと効果的です。以下の10点について、お互いの考えを伝え合い、できる限りルール作りに努めましょう。

①年収はいくらあるか？
⑧クレジットカードの名義はどうするか？

②借金はいくらあるか?
③何年間共働きを続けるか?
④家計費にいくらいれるか?
⑤公共料金はどちらが支払うか?
⑥収入からいくらを貯蓄に回すか?
⑦住宅ローンはどちらが支払うか?

⑨銀行預金の名義はどうするか?
⑩結婚以前のローンはどうするか?
⑪子どもは何人つくる予定か?
⑫1人目の子どもはいつごろの予定か?
⑬子どもが生まれたら専業主婦になるか?
⑭どちらかが転勤したらどうするか?

chapter5

時代が変われば
家族のお金の扱いも変わる

イントロダクション

家族のコミュニケーション不足で家のお金は腐ってしまう

結婚して、子どもができて、家を買って、35歳を過ぎたあたりから、「最近、なぜか生活が苦しくなったように感じる」と不平不満をこぼす方々を、多く見かけます。「自分たちの両親が40代だったころより、自分の年収のほうが多いはずなのに、こんなに生活が苦しいのは、一体何でだろう?」ということですが、この原因は「ライフスタイル」が向上したことにあります。

子どもが新学期に必要なものは1冊30円のノートだったのに、今では20万円のノートパソコンが必須です。自動車やクーラーだって、今では一家に2台の自動車が必要ですし、クーラーはすべての部屋についています。

こうして、35歳を過ぎたころから、「ライフスタイル」の向上は、家計を直撃しはじめるために、生活が苦しくなるわけです。そして、自分たちの生活が苦しいがために、両親に結婚式の費用や住宅の頭金を手伝ってもらうだけでなく、自分たち以上に子どもにおもちゃを買ってもらうようになるわけですが、こうしたお金の援助に対して、反対に自分たちが〝恩返し〟をさせられる羽目に陥る可能性もあります。

それは「寿命」が伸びているからです！

日本人の平均寿命は、1900年頃には45歳程度と〝老後〟がなかったわけですが、1965年ごろには70歳程度となり、2010年現在では、男性79歳、女性86歳となっています。過去100年間の急激な変化を見れば、今後ますます寿命が延びるでしょうから、90歳程度を想定したほうが無難です。ということは、「老後」は30年以上になるわけで、生活費が足りなくなるだけでなく、怪我や病気で入院する可能性が高くなり、今度は、自分たちが両親の生活費を捻出する必要が出てきます。

つまり、時代が変わったため、家族の「お金の問題」を見直す必要がありますが、日本では、〝人前でお金の話をするのは、ハシタナイ〟とする文化があるため、家族のために有効にお金を利用できなくなってしまいます。

この章でご紹介する、スティーブやジニーバは、昔ながらのやり方で家族のお金を扱っていますから、家族にとって本当に必要なことへお金が回っていない人生の危機が待ち受けます。

story16

生命保険の目的は、「家族への愛情の証」であって、お金儲けじゃない

生命保険に加入する最大の理由は、自分が亡くなった場合に、残された家族が路頭に迷うことのないよう、保障を残しておくというものです。だから、一昔前には、「生命保険は、家族への愛情の証です」というコピーが作られていました。

ところが、こうした保障目的で生命保険に加入するのではなく、お金儲けをする目的で生命保険に加入して、「家族への愛情の証」どころか、「家族の大迷惑」をもたらしているケースもあります。

現在30歳のスティーブは、来月には子どもが生まれます。そこで、「一家の主として万が一に備えて、妻や子どものために生命保険に加入しておこう」と考えて生命保険会社に相談することにいたしました。

ところが、生命保険の営業パーソンが勧めてきたのは、何やら生命保険らしからぬ、〝儲け話〟のようなものだったのです。

「この生命保険に加入すると、毎月1万7040円の保険料を支払うだけで、もしもの際には、ご家族は保険金として1000万円を受け取れます。ここまでは、ごくごく普通の生命保険のお話ですが、注目していただきたいのは、解約返戻金です。60歳までの保険料の支払い総額は613万円になりますが、この時点での解約返戻金が732万円になっています。要するに、613万円を払えば、60歳までに亡くなると、1000万円の保険金がもらえますし、60歳まで生きていれば732万円の解約返戻金を受け取れるので、どちらにしても損をしませんよ！」と勧誘してきました。

この説明を聞いたスティーブは「よし、決めた！」と、すぐに契約してしまいました。こうしてスティーブは、これから30年間に渡って、合計613万円の保険料を支払うように、家族の運命を決めてしまったのです。

でも、この生命保険が〝良い儲け話〟であるかは、大いに疑問を感じます。というのも、時間を早送りしてスティーブが60歳になった時点を見ていくと、30年間で613万円が732万円になるというものの、この積立投資の年間上昇率は1・16％に過ぎません。

この程度の儲け話に乗っかって、生命保険に加入してしまっただけでなく、スティーブが亡くなった場合には、この解約返戻金は消滅してしまって、儲け話それ自体が水泡に化してしまいます。

しかも、この儲け話では、60歳までに亡くなるケースを想定しているようですが、平均余命の統計からすれば、現在30歳の男性は80歳まで生きられるわけで、そこまで生きれば、保険料の支払い総額は１０００万円を超えてくるので、保険金だって儲かるわけではありません。

解約返戻金がついている生命保険は終身保険といって、「決まった保険料を支払っていれば一生涯の保障を得られる」という点に特徴があるわけです。

生命保険というのは、貯蓄や投資ではありません！　金利が高いときの契約は、金利が下がっても続くために儲けにつながりますが、現在の契約は史上最低水準の金利を前提にして行われます。

それなのに生命保険を貯蓄や投資と考えて、数百万円や数千万円を〝お粗末な儲け話〟に預けてしまえば、子どもの大学費用が足りなくなったり、奥さんとの老後の生活費がなくなっちゃいます。気をつけないと、生命保険が家族の〝大きなお荷物〟になってしまいますよ！

chapter 5

時代が変われば家族のお金の扱いも変わる

生命保険を貯蓄や投資と考えると、保険料が水泡に帰す

日本人は、世界でも類を見ないほどの〝保険好き〟と言われ、ひと家族で2000万円もの生命保険料を支払っていると言われます。「生命保険は、家族に対する愛情です」とは、ひと昔前に流行った生命保険のセールス・コピーですが、「自分が亡くなった際に、遺族が生活に困らないように、生命保険に加入しておく」というのは正しいやり方です。

ただし、スティーブのように、**生命保険に加入する際に、家族のための「保障目的」で加入するのではなく、「投資目的」で加入してしまうと、この2000万円は保険会社によるボッタくりにさらされます！**

スティーブの加入した生命保険は、終身保険といって、毎月決まった保険料を支払うだけで、一生涯の保障が得られる点に特徴があります。ところが、いまのお話では、60歳での解約を想定した「投資目的」で加入しているため、本来の終身保険の特徴を

無視したような加入の仕方になっているわけです。

仮に、「30歳から60歳までに713万円作りたい」というのが目的ならば、年率1・16%というのは、今後30年間もゼロ金利が続かなければ、かなりお粗末な話なので、無理に生命保険など利用する必要はありません。

反対に、「30歳から60歳まで1000万円の死亡保障がされている」というのが目的ならば、定期保険を選べばいいわけで、月々3800円、30年間で136万8000円程度の保険料のものがいくらでもあります。

生命保険料が2000万円にも膨れ上がるのは、錯覚による部分が大きいのです！


これからの時代には、生涯賃金の2億7000万円を節約したり投資したりと、有効活用しなければ、お金が足りなくなるかもしれないのに、2000万円もの大金を、〝錯覚〟によって溝に捨てている場合ではありません。

生命保険は、保障のための商品で、投資商品ではありませんし、生命保険で、効率の悪い資産運用している余裕などありません。

「生命保険で儲けてやろう！」なんて考えは、止めにするべきです。

学校では、〝自分自身のために〟と、勉強する目的を漠然と指定しているだけでも支障はありませんが、生命保険では、〝家族のために〟と、加入する目的を漠然と指定していくだけでは、家族の迷惑になることだってあるということなのです。

advance 生命保険の種類と運用について

生命保険には、定期保険、終身保険、養老保険の3種類があります。

定期保険では、たとえば10年間といったような決まった期間だけ保障されます。契約期間が過ぎると〝掛け捨て〟と言われるように、ほとんど何も戻ってきません。

これに対して、終身保険では一生涯を保障されます。その仕組みは、死亡確率の低い若い時期には多めに保険料を取っておき、保険会社はそれを運用しながら死亡確率の高い高齢期に備えるため、この余分が解約返戻金の元になるわけです。

また、養老保険では、決まった期間だけ保障され、契約期間中に亡くなれば、死亡保険金が支払われます。契約が満期になれば、死亡保険金と同額の満期金が支払われる仕組みなので、その間は運用に回されます。

つまり、終身保険と養老保険では、保険料の1部が保険会社によって運用されているため、支払った保険料以上に、「解約返戻金」や「満期金」が大きくなるケースがあるのです。これがよく生命保険が「貯蓄や投資である」と錯覚されてしまう原因なのです。

ただし、解約返戻金や満期金は、銀行預金などと違って保険料が運用に回る前に、保険会社に経費をガッポリ取られてからスタートするので、その分だけ不利な運用になるのが普通です。

具体的には、銀行預金の場合には、1000万円に1%の金利がつくと、10万円の金利がもらえますが、生命保険の場合には、たとえば、300万円が運用するための〝経費〟として差し引かれてしまうので（実際の経費割合は公表されていない）、700万円に対して1%の金利がつくような感じで、結果7万円しか金利をもらえないようなことになります。

story17

「介護保険の自己負担は1割」という思い込みの落とし穴

日本人の寿命が80歳を超えてきたのは、医療の進歩と関係があります。

たとえば、自動車事故では、エアバッグが装備されているので致命傷には至らず、数分後には救急車やレスキュー隊が駆けつけ、救急治療室では、心臓にいろいろな管や機械を取りつけて、一命を取り留めるケースが増えています。

医学の進歩によって、事故や病気で亡くなる可能性は下がり、日本人の寿命は確実に伸びてきたものの、皮肉なことに、入院して看護や介護を受ける可能性は、かえって高くなったというのが実情です。

つまり、寿命の延びと同時に、介護治療の件数は増加しているということです。

ある冬の朝、布団から起き上がったマーガレットは、隣で寝ていた母親の異変に気がつき救急車を呼びました。診断によると母親は脳梗塞を起こしたようで、発見が早かったために命に別状はなかったものの、左半身に麻痺が残ってしまいました。

そして、「お母さんを施設に入れるなんて可哀想だし、私以外には、身の回りの世話をする者もいないから」という理由で、いきなりマーガレットには、母親を介護する生活がはじまったのです。

役所の担当者の説明では、〝要介護3〟と認定されたために、毎月28万円分までの介護サービスは、自己負担1割で利用できるということですから、「毎月2万８００0円までなら、大した金額じゃないわよね」と、マーガレットは安心しました。

しかし、この介護生活は数年後に破綻の危機を迎えます！


まず、電動ベッドや車椅子のレンタル、週に5回のリハビリテーションなどが、合計で40万円以上もかかっていたので、28万円分までは自己負担1割で利用できたものの、残りの12万円は自己負担１００％となりました。

また、食事については、特別食を用意しなければなりませんし、オムツ代なども馬鹿になりません。実際に、病院へ行くまでのタクシーでお漏らしをしてしまい、高額のタクシー代が必要になりました。当然、お風呂も2回沸かさなければなりません。

こうして月額の出費は、30万円近くになったのです。

父親の遺産があったものの、大部分は住宅であったために、2年で母親の貯金はなくなりましたが、実は、それだけではありません。

介護に当たっているマーガレットは、仕事をしているわけですが、母親の介護のために、年休を使い果たしてしまった上に、ちょっと具合が悪くなると、遅刻、早退、欠勤を余儀なくされているので、解雇されるのも時間の問題となってしまったからなのです。

「お母さんの介護にこんなにお金がかかるなんて、思ってもみなかった！」って、マーガレットはボヤイていますが、これこそがここ10年間で出現した「介護地獄」の正体です。

自分に限らず家族の誰かが〝介護（かいご）というババ〟を引いたら、介護をしている者までが解雇（かいこ）されて、家計が破綻するリスクを背負ってしまい、駄洒落を言っているどころではなくなりますから、心しておきましょうね！

chapter 5
時代が変われば家族のお金の扱いも変わる

“人生の3大支出”に並び立つ、介護費用への備え方は十分？

「介護」というのは、ここ10年ほどで急にクローズアップされてきた問題ですが、現在の日本では、65歳以上の15・9％が公的介護保険の認定を受けていますから、すでに介護問題というのは他人事ではありません。実際の介護費用は、どの程度かかるのでしょう？

日本にはデータがないので、アメリカのデータから推定してみましょう。

アメリカでは、介護費用は年間4万5000ドルなので、物価や為替を考えると、毎月50万円程度かかる計算になります。そして、家族の誰かが介護を一人で引き受けると、介護をする人の仕事に大きく影響するため、生涯賃金、退職金、年金に、少なくとも7000万円の打撃を与えるとされています。

日本では、公的介護保険があって限度額以内であれば自己負担1割です。

しかし、仮に毎月50万円が必要となれば、限度額20～28万円程度の要介護2と3では、毎月22～30万円分を自費で用意しなければなりません。これが在宅介護の費用の

1つの目安になります

特別養護老人ホームでは、介護保険の自己負担分と住居費と食費などで、毎月9〜12万程度で済みますが、この値段が破格なほど安いために、入所の申し込みが殺到して順番待ちが続いているのです。

一方で、民間の老人ホームでは、自立生活ができる高齢者の場合、3000万円〜4000万円程度の入所一時金と毎月20〜30万円程度のランニングコストがかかり、介護専用の場合、500万円程度の入所一時金と少し高めのランニングコストが必要です。

要するに、特別養護老人ホームに入所できなければ、(施設入所費を除いても)介護では、毎月30万円程度は覚悟したほうが無難です。しかも、家族の誰かが介護にあたることで、その介護者の生涯賃金から少なくとも7000万円は消えてなくなってしまうのです。

こうした膨大な費用がかかる以上、「貯金があるから、何とかなるさ」というのは、まったくの勘違いでしかありません。30万円が4年も続けば、1400万円を超えてきます。

これからの時代には「子ども」「住宅」「老後」「介護」を〝人生の4大支出〟と位置づけて考えるべきなのです。

学校では、「困ったときには、助け合いましょう」と指導されますが、実際に家族の誰かが要介護状態になれば、助け合いによって家族すべてが破産する可能性もありうるわけです。家族のお世話は、家族がすべきという心情面よりも、介護については、施設入所も検討しながら、**民間の介護保険で備えたほうが、はるかに家族思い**ということなんです。

advance
介護費用への対処法について

介護問題に備える1つの方法は、民間の介護保険に加入するというものです。民間の介護保険というのは、寝たきりや認知症などの介護状態が、一定期間続いた場合に、「毎月10万円」や「3000万円の一時金」といった形で、保険金が支払われる仕組みです。これは生命保険の仕組みに似ていますが、大きな違いもあって、〝どの状態を持って介護と認定するか？〟という問題があるわけです。

というのも、生命保険では、〝死亡〟という明確な状況によって、保険金が支払われますが、介護保険では、状態の程度がさまざまであるために、契約書の約款を確認しておく必要があるわけです。

いくらの保障額の保険を選ぶかは、一人ひとりの考え方によります。たとえば、自己負担分として毎月22～30万円を想定する場合、これだけの金額を保障額にするか、あるいは10万円程度の保障額に抑えるかは、保険料の負担を考えながら決定します。

また、一般的には、民間の介護保険では、介護の認定を受けてから180日間は免責となるので、その間の自己負担についても十分に検討しておく必要があります。

そして、民間の介護保険に加入する場合には、なるべく早い時期に、できれば終身タイプに加入します。

たとえば、月額給付10万円の介護保険の保険料は、30歳で加入すると毎月1万3000円程度であり、一生涯を保障してくれる終身タイプでは、この保険料がずっと続くことになりますが、60代からの加入では毎月3万5000円程度に跳ね上がるからです。早い段階で介護のお金に関する問題を見つめましょう。

story18

財産を相続したとき、使い道がなくなっていては意味がない

日本人の平均寿命が80歳を超えてきたのは１９９５年頃からのことですが、平均寿命が80歳未満であるのか、それとも80歳を超えてくるのかによって、相続人と被相続人の年齢は大きく変わってくるわけで、そこから、家族のお金の問題に深刻な影響をもたらします。

現在43歳のジニーバは、45歳の夫と15歳の長男と12歳の次男の４人家族です。会社で役職についた夫は、残業手当がつかないところへ持ってきて、住宅ローンの返済額は毎月15万円あるし、しかも、来年からは２人の子どもが私立の高校と中学への進学を予定しているため、塾の費用が年間１００万円づつかかります。

こんな感じで、娘の家庭は、これから10年間以上にわたって〝火の車〟なわけですが、すでに定年退職を迎えて久しい70歳のジニーバの父と66歳のジニーバの母は、ま

ったくそのことに気がついていません。

「来年から上の子は私立の中学へ進学するらしいが、娘夫婦はうまくやっているようだ」とまったく暢気に構えています。そして、元会社役員をしていただけあって、数億円の財産を持て余しながら、「いつか、我々がこの世からいなくなる際には、娘夫婦に財産を残してやりたいねえ」と話し合っています。

こうしたミスマッチというのは、最近よく見られる光景ですが、それでは、ここでいう〝いつか〟が訪れて、ジニーバが両親から財産を受け取るのは、一体、いつのことになるのか時間を早送りしてみましょう。

仮に、ジニーバのご両親が80歳くらいで亡くなる場合、ジニーバ自身は50代後半になっています。すると、2人の子どもは大学を卒業しているものの、住宅ローンの返済に悪戦苦闘している状態です。1番お金が必要な時期は過ぎ去ったものの、家計が苦しい状態は続いています。

しかし、ジニーバのご両親が80歳を迎えた場合、平均余命からいって90歳を過ぎてから亡くなるため、ジニーバ自身が65歳のおばあちゃんになっていますから、お金を

1番必要としていた時期は、はるか昔のことなのです。

こんな状態の中で、両親から「娘は、この財産を有効に使ってくれるに違いない」って財産をもらっても、どのように使えというのでしょうか？

相続による財産分与というのは、平均寿命が80歳をはるかに超えてくる時代には、完全に賞味期限切れになってきます。20年後のジニーバからすれば、「どうせ財産をくれるんだったら、子どもの大学の入学金やマンションのローン返済に当てたかったのになあ」ということでしょうが、両親とのコミュニケーションが欠けていたために、家族のお金が有効利用できなくなってしまったということなんです。

chapter 5
時代が変われば家族のお金の扱いも変わる

平均寿命が80歳を超えれば、相続よりも贈与が大事になるはず

日本人の平均寿命は、過去１００年間に45歳から83歳にまで上ってきたわけですが、今まで通りに〝親が亡くなってから財産を贈る〟という、「相続」による財産移転が、時代に合わなくなってきました。

人生で1番お金がかかる時期は、35歳から55歳までの間です！

この時期には、住宅ローンの支払いが道半ばであるところへ、２人の子どもが高校と大学へ進学する事態が重なりますから、家計は、火の車と化しています。そこで、子どもからしてみれば、35歳から55歳までの間に両親から財産の一部をもらえれば、マンションの頭金にしたり、子供の入学金や学費に利用できるため、１番ありがたいわけですが、これを逆算するならば、両親の寿命が65～80歳ということになるはずです。

１９７０年ごろの平均寿命は、男性が70歳で、女性が75歳だったので、相続による財産移転は、時期的な面で見ればかなりうまくいっていました。しかし、１９９５年

の時点で平均寿命が男性77歳、女性83歳と、人生80歳超えを果たしたころから、両親から子どもへの橋渡しが狂いはじめているのです！

この状況を打開するには、世代間でお金の事情を話し合うことが大切で、「ライフスタイルの向上」や「寿命の延び」による〝お金のルール〟が変わったことを、お互いに確認しておく必要があります。

〝いつか財産を子どもに与えよう〟と考えている「両親」は大勢いるものですが、その〝いつか〟がやってくるまでの間、財産の一部は、預金口座に寝かされていて、ほとんど金利がつかない状態で放置しているのが普通です。

一方で、ジニーバのような「子ども」からすれば、〝おまけのような金利〟がプラスされて20〜30年も後回しにされるよりも、今、財産の一部を受け取るほうが、はるかにありがたいはずです！そのためには、相続という形ではなく、贈与という形での財産移転が有効になってきます。

贈与というと、〝たくさん税金が取られる〟というイメージがあるかもしれません。

たとえば、財産を相続すると５０００万円＋１０００万円×法定相続人数の基礎控除がありますが、財産を贈与すると年間１１０万円の基礎控除しかありません。

ただし、年間110万円の基礎控除は、子ども2人では年間220万円になります。仮に、10年間続ければ2200万円も税金を掛けずに贈与することが可能です。しかも、生前の贈与税を相続時に清算できる制度もあります！

相続時清算課税制度を利用すれば、全部で2500万円までの贈与には、贈与税がかかりませんし、2500万円を超えた分には、一律で20%の贈与税がかかるものの、相続時には、相続税の控除を利用しながら清算できるため、余分に支払った分が還付される可能性があるのです。

税金がかからない範囲でも、かなりの「贈与」は可能です！

学校では、〝自分の懐〟の話なんかすれば、〝喝上げ〟のターゲットにされるだけですが、家庭では、〝自分の懐〟の話をオープンにすることで、「両親」「子ども」「孫」の世代間で、家族のお金が有効利用できるということなのです。

advance
贈与のしくみを知っておこう

贈与税は、1年間に110万円の贈与に関してはかかりません。両親からなら年間

贈与税の計算方法

①1/1～12/31の贈与額を計算する	**贈与額**
②贈与財産の調整を行う	－**「扶養義務者からの生活費等」** －**「社会通念上、必要な贈り物」** －**「相続前3年以内の贈与」**
③基礎控除を差し引く	－**「年間110万円まで」**
④「余った財産」に贈与税	←

220万円の贈与に関してはかかりません。これだけでも、子どもの学費の面からは、大助かりとなるはずです。

また、相続時清算課税制度では、累計で、贈与が2千5百万円までは贈与税がかからず、贈与が2500万円を超えた分は、相続時に相続税で清算できます。特に、住宅取得資金の特例を利用すれば、通常の2500万円に1000万円上乗せされた3500万円までに贈与税がかかりませんから、住宅の面では大いに活用すべきです。

おわりに

「お金の問題」というのは大切なのになかなか考える機会がないのは、〝つまらない〟〝分からない〟〝暇がない〟というどれかの理由であることが多いものです。避けて通ってしまいがちな問題を、身近に感じてもらうためにはどうすればいいかと考えて出来上がったのが本書です。

ファイナンシャル・プランニング分野における私の先生であるリック・イーデルマン氏は、アメリカでは〝金融コメディアン〟のような形で、20年近くに渡って自らの担当しているテレビ番組やラジオ番組で、視聴者からの相談に即興で答えています。私からすれば、相談者たちが何となく〝困ったチャン的なキャラクター〟に思えたのが、そもそもの本書の執筆動機です。

〝困ったチャン〟って、端から見ている分には、コミカルで笑えますよね！

でも、そうした光景が記憶に焼きついていると、何かの拍子に似たような経験をすれば、〝ああ、これがあのときの困ったチャンが出くわした問題だ！〟と、結構役に立つはずです。

そして、大雑把ながらも解決策を知っていれば、その程度で「家計管理」や「資産形成」に関しては十分と言えるわけです。

本書が少しでも読者のみなさんのお役に立てば幸いです！

最後に、こうした〝困ったチャン的キャラクター〟を利用して、1冊の本を世の中に送り出すには、趣旨を理解してくれる出版社の編集担当者さんと、イメージをイラストにしてくれるイラストレーターさんが必要です。

あるとき、飛び込みのような形で提出した企画を、〝ノリノリ〟で引き受けていただいた総合法令出版の有園智美さん、また、イラストレーターの須山奈津希さんには、この場を借りてお礼申し上げる次第です。

【主な参考文献】

Ric Edelman 著書から……、
・『The Truth about Money』（HarperCollins）
・『The New Rules of Money』（HarperCollins）
・『Ordinary People Extraordinary Wealth』(HarperCollins)
邦訳『平凡なのになぜかお金が貯まる人の８つの習慣』（PHP 研究所）
・『Financial Security in Troubled times』(HarperBusiness)
邦訳『お金はこうして守りなさい』（PHP 研究所）
・『Discover the Wealth within You』(HarperBusiness)
・『The Lies about Money』(Free Press)
・『Rescue Your Money』(Free Press)
邦訳『金融危機でも儲かった世界一頭のいい資産の殖やし方』(青春出版社)

Edelman Financial Services
Inside Personal Finance

【著者紹介】

方波見 寧（かたばみ・やすし）
イーデルマンジャパン代表。一橋大学経済学部卒業。大手証券会社に勤務したのち、ファイナンシャル・プランナーとして米国で数々の賞を受賞したリック・イーデルマン氏に師事、ファイナンシャル・プランニングと投資運用法を学ぶ。著書に『お金の国・日本の歩き方』（小学館）、『定年後マネーは２極化する』（東洋経済新報社）、『信託で変わる！相続の常識』（ＰＨＰ研究所）など。訳書に『平凡なのになぜかお金が貯まる人の８つの習慣』、『イーデルマン教授のお金はこうして守りなさい』（ともにＰＨＰ研究所）などがある。

※注意事項
本書でご紹介しました投資戦略・金融戦略等を読者自らが実用に移す際には、金融機関などの専門家のアドバイスを介しながら、一人ひとりの状況に応じて、自己責任で行うようお願い申し上げます。
仮に、何らかの損失をこうむった場合にも、著者および出版社では一切の責任を負えないことを明記しておきます。また、本書の投資データは、過去のパフォーマンスを示すデータであり、将来の予想を示すものではないことを明記しておきます。

なぜ、ニューマン家は10年後豊かになったのか？
サラリーマン長者になる資産形成

2010年7月6日　初版発行

著　者　方波見寧
発行者　野村直克
発行所　総合法令出版株式会社
〒107-0052　東京都港区赤坂1-9-15 日本自転車会館2号館7階
電話　03-3584-9821（代）
振替　00140-0-69059

印刷・製本　中央精版印刷株式会社

落丁・乱丁本はお取替えいたします。

ISBN978-4-86280-214-9
総合法令出版ホームページ　http://www.horei.com